ざんねんな日本史

本郷和人

宝島社

はじめに

本書は能力も高く、日本の歴史上で優れた功績を残した人たちの「ざんねんな」エピソードを集めて紹介するものです。

冷徹だと思っていた人物が意外に人間的な面も持っていたり、逆に明るいキャラだと思っていた人物がけっこう陰湿だったり……。その人物の明暗、裏表、両方の面を知ることで、よりその人物を詳しく知ることができます。それだけでなく、その人物がとった行動も理解できるようになるでしょう。

例えば「人たらし」と言われ、一見人当たりの良さそうな豊臣秀吉や、「西郷どん」と呼ばれて親しまれている西郷隆盛が、実は冷徹な一面をもっていたということは、よく言われることです。確かに、そうでなければ彼らが行った朝鮮出兵、戊辰戦争などは、説明がつかないところがあります。

「えっ、あの人がそんなことするの!?」という話は、その人物のファンにとっては不愉快かもしれませんので、そこだけ読み飛ばしていただいても構いません。

また、本書の「ざんねんな」内容は、私がその人物をディスって（悪く言って）いるわけではなく、さまざまな史料を元にまとめたものですので、ご理解いただければ幸いです。

本郷和人

1章 古代・中世編

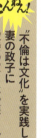

2章 戦国時代編

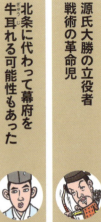

3章 江戸時代編

4章 明治維新編

表紙・本文デザイン●石田 嘉弘（アズール図案室）　イラスト●ほし しんいち
編集協力●大野 真、高水 茂、小野 雅彦、岸並 徹、味岡 啓二　鹿児島弁監修●雪野 月

1章

古代・中世編

権力は天皇から有力貴族へ、そして武士へと移っていく

六七二年
壬申の乱で大海人皇子（後の天武天皇）が勝利

七一〇年
平城京に都を遷す（元明天皇）

七九四年
平安京に都を遷す（桓武天皇）

一一世紀初め
『源氏物語』『枕草子』が著される

一〇一七年
藤原道長、太政大臣になって権力を掌握

一一六七年
平清盛が太政大臣になり平氏が全盛期を迎える

一一八五年
壇ノ浦の戦いで平氏滅亡

一一九二年
源頼朝、征夷大将軍になる

一三三三年
鎌倉幕府滅亡。建武の新政始まる

一三九四年
足利義満、太政大臣になる

藤《ふじ》原《わらの》道《みち》長《なが》

天皇の「おじいさん」として 絶大な権力を握る

藤原道長データ

●生没年
康保3(966)年
〜万寿4(1028)年

●時代
平安時代

●「すごい」功績
娘を天皇の后にし、孫を天皇にして権力を握り藤原氏の全盛期を築く

スタート

康保三（九六六）年
摂政・関白・太政大臣の父、藤原兼家の五男として京都に生まれる

長保元（九九九）年
一条天皇に長女の彰子を後宮として嫁がせ、翌年皇后に立てる

寛弘五（一〇〇八）年
彰子は入内後一〇年目で敦成《あつひら》親王（後一条天皇）を出産する

摂政《せっしょう》の藤原兼家《ふじわらのかねいえ》の五男として生まれた道長《みちなが》は、本当は家督を継ぐ立場にはありませんでした。しかし、疫病の流行などで兄の道隆《みちたか》、道兼《みちかね》が相次いで亡くなると、道長のもとに権力の座が転がり込んできます。

長保元（九九九）年、道長は娘の彰子《しょうし》を一条天皇の後宮《こうきゅう》として嫁がせました。すでに一条天皇の后《こう》位《い》には、道長の兄・道隆の娘である定子《ていし》がいましたが、翌年には彰子を皇后に立ててしまいます。長和五

すごい!!

長和五(一〇一六)年
三条天皇を退位させ彰子が生んだ後一条天皇が即位して摂政となる

寛仁元(一〇一七)年
摂政を嫡男の頼通に譲り、道長の後継者としての体制を固める

寛仁二(一〇一八)年
三女威子《いし》を後一条天皇(一一歳)の女御として嫁がせ中宮とした

(一〇一六)年には三条天皇を退位させ、彰子が生んだ子(後一条天皇)を即位させせました。

天皇家に自分の娘を嫁に出し、天皇との間に男の子が生まれると、次の天皇にする。こうして道長は天皇の外祖父(母方の祖父)となり、政治の実権を握りました。さらに天皇が幼い場合は摂政、元服後は関白《かんぱく》として天皇の政治を補佐する、摂関《せっかん》政治を行います。

道長は後一条天皇を即位させ、摂政として政治の実権を握りましたが、翌年には摂政の座を長男の頼通《よりみち》に譲っています。それでも、道長の権勢は衰えることなく、当時の人々は道長のことを「大殿」と呼び、恐れたそうです。世の栄華を我が物にした道長は、その絶頂を「この世をば 我が世とぞ思ふ 望月の 欠けたることもなしと思へば」という歌にして詠《よ》みました。

ざんねん！

藤原道長

自分の絶頂期を満月にたとえたが道長本人は糖尿病で目を患い満月が欠けて見えていたらしい

権勢をほしいままにした藤原道長ですが、晩年は糖尿病に苦しんだと言われています。

日本人にとって糖尿病とは国民的な病気で、欧米人と比べると、インシュリンの分泌が少ないのです。そのため、同じものを食べて欧米人が糖尿病にならなくても、日本人はなりやすいことがあります。特に権力者の道長などは飽食をほしいままにしたでしょうから、糖尿病になる可能性も高かったと思われます。

道長と同時代人の藤原実資《さねすけ》が書いた日記『小右記《しょうゆうき》』という文献があります。この時代の研究をする人は絶対に読まないといけない、基本中の基本の史料です。そこには、道長と実資は親しい仲なのですが、道長とすれ違ったのに、自分に気がつかなかった、と書いてあります。

道長はすでに、糖尿病で目が見えなかったのではないでしょうか。糖尿病でそこまで目が悪くなっていたとすると、かなり病気は進行していたはずです。

藤原道長が自分の絶頂を歌にしたとされる「この世をば 我が世とぞ思ふ 望月の 欠けたることも なしと思へば」も、実際は目がよく見えなかったので、本当に満月なのか三日月なのか、本人にはよくわかっていなかったのかもしれません。

この歌の続きには、「でも月が欠けているかどうか、俺はわからないんだけどなあ」という道長の本音が綴られていたように思います。だとしたら、栄華を誇った藤原道長の晩年としては、なんとも残念な話です。

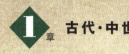

紫《むらさき》式《しき》部《ぶ》

日本文学の傑作『源氏物語』の著者

スタート

天禄元（九七〇）年頃
藤原為時の娘として生まれる。正確な誕生年は不詳

長保三（一〇〇一）年
嫁いだ先の藤原宣孝が他界、その後『源氏物語』を書き始める

寛弘二（一〇〇五）年 ※もしくは翌年
藤原道長の要請で宮中に上がり中宮・彰子の家庭教師となる

紫式部データ

●生没年
天禄元（970）年頃～1010年代

●時代
平安時代

●「すごい」功績
1000年以上も前に、あの長編小説『源氏物語』を書き著した

紫《むらさき》式《しき》部《ぶ》は、漢学者でのちに越前（福井県）の国司となった藤原為時《ためとき》の娘です。兄弟の中でも漢籍《かんせき》（中国の書籍）の覚えが早く、周囲を驚かせました。長徳二（九九六）年、父・為時が越前守に任命されると、紫式部は父の赴任地に同行しますが、任期途中に単身帰京し、藤原宣孝《のぶたか》と結婚しました。宣孝との間には娘が一人いましたが、宣孝は父親と同じくらいの年代であったこともあり、結婚後すぐに亡くなります。結婚生活

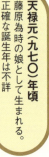

すごい!

寛弘五（一〇〇八）年
『紫式部日記』を執筆。一〇〇八年秋～一〇一〇年正月までの宮中日記

寛弘七（一〇一〇）年頃
平安物語文学の最高峰『源氏物語』五四帖がこの頃に完成する

紫式部像（京都府宇治市）

長和三（一〇一四）年以降
一条天皇崩御後も彰子の傍にあったが、春ごろ没した（諸説あり）

はわずか四～五年程度でした。日本文学に燦然《さんぜん》と輝く名作『源氏物語』もこの頃から執筆されたようです。

その後、彼女は藤原道長の娘で、一条天皇に嫁いでいた彰子に、女房※として仕えます。当時権勢をふるった藤原道長に認められるほどですから、いかに才媛としての紫式部の評判が高かったかがわかるでしょう。

文学者で小説家の丸谷才一氏も言っていますが、日本文化の中心には「恋」というものがあります。「令和」の年号の出典となった日本最古の和歌集『万葉集』にも、恋愛を詠んだ作品が多く含まれています。『源氏物語』もその『万葉集』と並び称されるほど、国文学において最も重要視されている作品です。世界的に見ても、このような長編小説の祖ともいうべき文学作品が、10世紀頃に成立していた例は珍しいことです。

※家庭教師兼世話係のような存在

ざんねん！

紫式部

恋愛小説のカリスマがリアルな世界ではオクテで妄想の世界で大恋愛を展開

『源氏物語』は、ありとあらゆる恋愛が詰め込まれた、まさに「恋愛の宝石箱」とも言える長編小説です。しかし、それを描いた紫式部自身がどれだけ恋愛上手だったかというと、そうした話はあまり伝わっていません。たくさんの浮名を流したという逸話もないどころか、宣孝と死別したのちは生涯、寡婦《かふ》だったようです。

歴史学では、『尊卑分脈《そんぴぶんみゃく》』という鎌倉時代に作られた系図集をしばしば参照します。これは日本史の専門家が誰かの血筋を調べる際に必ず引く史料です。それによると、紫式部はなんと「藤原道長の妾《めかけ》」と書いてあります。

その信ぴょう性は定かではありません。しかし、紫式部の色恋事情として伝わっているのはそのくらいで、実際の彼女の恋愛は、非常に大人しいものだったのかもしれません。

そうなると、あれだけのありとあらゆる恋愛（マザコン、ロリコン、寝とられ、寝とらせ、熟女との愛など）のかたちを描いた物語はすべて、紫式部の創作ということになります。つまり、みんな彼女の頭の中だけのものだったということで、今でいうと、恋愛を妄想する相当「イタい」女性です。しかもその妄想を、あれだけの長大な恋愛物語に仕立て上げるわけですから、四六時中、恋愛について考えていないと創作はできないでしょう。

妄想の世界で大恋愛を繰り広げていたと考えると、紫式部自身はちょっと残念な、痛々しい女性と言えるかもしれません。

清《せい》少《しょう》納《な》言《ごん》

あの『枕草子』を書いた平安時代のエッセイスト

清少納言データ

●**生没年**
康保3（966）年頃
～万寿2（1025）年頃

●**時代**
平安時代

●**「すごい」功績**
1000年以上も前に、あの日本文学の名作『枕草子』を書いた

スタート

康保三（九六六）年頃
歌人・清原元輔の娘として生まれる。本名は清原諾子《きよはらのなぎこ》

天延二（九七四）年
父・元輔の周防国赴任に同行して四年を辺鄙な田舎で過ごす

天元四（九八一）年
陸奥守・橘則光と結婚し、翌年、則長を生むが、やがて離婚

清少納言《せいしょうなごん》の父は、中古三十六歌仙に数えられる清《きよ》原《はらの》深養父《ふかやぶ》の孫・清原元輔《もとすけ》。『後撰《ごせん》和歌集』の選者としても知られていますが、そこまで位の高い貴族ではありませんでした。清少納言自身も、陸奥守《むつのかみ》を務めた橘《たちばなの》則光《のりみつ》と結婚し、子を一人もうけましたが、のちに離別しています。

その後、清少納言は、一条天皇に嫁いだ藤原道隆の娘・定子の女房として仕えて、才能を発揮しまし

すごい！

万寿二（一〇二五）年頃
藤原棟世と再婚するがその後は不明、晩年は京都に隠棲し没した

長保二（一〇〇〇）年
中宮・定子が第二皇女出産後に亡くなり、直後に宮廷を辞する

正暦四（九九三）年
一条天皇の中宮・定子に出仕、定子の命により『枕草子』を執筆する

『枕草子』に登場する下鴨神社（京都市）

た。彼女を後の世に知らしめることとなった有名な随筆『枕草子《まくらのそうし》』は、この定子から清少納言が紙を賜ったことをきっかけに制作されたものと言われています。当時としては、紙が手に入るということ自体が、一大イベントだったのです。

「春はあけぼの」から始まり、日本の四季を美しくかつ微細に表現した『枕草子』は、読んだだけでもその風景が目の前に浮かぶような名作です。紫式部の『源氏物語』にも影響を与えたとされています。

清少納言は、自分の娘を一条天皇の正妻にすることを狙った藤原道長によって定子が正妻の座を追われた後も、定子に仕えます。長保二（一〇〇〇）年に定子が亡くなると、遺児である脩子《しゅうし》内親王に仕えたとも、摂津守藤原棟世《むねよ》のもとに嫁いだともいわれていますが、その後半生については謎に包まれています。

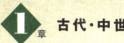

ざんねん！

清少納言

貧しい庶民を辛辣な言葉で表現するも最後は自身が没落の憂き目に

『枕草子』は隅々まで美意識が行き届いた素晴らしい文章として讃《たた》えられていますが、実際に読んでみると、今の考え方からすれば首を傾げたくなるようなエピソードも満載です。例えば、「にげなきもの」という表現があります。これは「ふさわしくないもの」という意味です。汚い庶民の家に美しい雪が降り積もる、これは「にげなきもの」だと書いてあるのです。庶民に対する辛辣な目線は、そこまで言わなくても……、とも思います。

藤原道長が全盛の時代となり、その娘である彰子が

一条天皇の后として力を持ってくると、清少納言が仕えた定子はどんどん落ち目となっていきます。清少納言の人生自体も、さほど華やかなものではなくなっていっただろうと推測されます。

清少納言の後半生は、実際のところはよくわからないのですが、『無名草子《むみょうぞうし》』や『古事談《こじだん》』では、その晩年は落ちぶれて地方に住んでいたとされています。一説には兄の家に同居して養われていたようで、こんな逸話が伝えられています。

ある日、清少納言が同居していた兄の家に盗賊が押し入り、兄が殺されてしまいました。清少納言も賊に襲われかけたところ、彼女は着物の前をばっと開《はだ》けて、「私は女だ！」と叫んだそうです。当時、女子供は殺さないという不文律があったのかもしれません。とはいえ、そんなことをしなければならないほど、見た目は男だか女だかわからなかったのかもしれません。残念というか、気の毒というか、晩年の清少納言の落ちぶれっぷりがよくわかるエピソードと言えるでしょう。

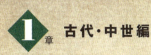

コラム

壬申の乱

天智天皇の優柔不断が原因で、弟と息子が争う羽目に

壬申の乱は古代天皇の皇位継承をめぐる争いで、六七二年に発生しました。

この内乱の人物相関関係をわかりやすく説明するためには、まず大化元（六四五）年の乙巳《いっし》の変まで遡る必要があるでしょう。この事変は、かつて教科書などでは大化の改新と呼ばれていましたが、大化の改新はその翌年（六四六年）に「改新の詔《みことのり》」が出された後の、孝徳天皇の改革のことを指すようになりました。乙巳の変は、大化の改新の発端となった、中大兄皇子《なかのおおえのおうじ》や中臣鎌足《なかとみのかまたり》らが蘇我《そがの》蝦夷《えみし》・入鹿《いるか》親子を滅ぼした事変のことです。

乙巳の変後、孝徳天皇が即位し、中大兄皇子が皇太子となりますが、改新の諸施策を進めていったのは皇太子のほうでした。そのうち天皇と対立するようになった中大兄皇子は、政権の要人たちを連れて難波宮《なにわのみや》を出て飛鳥に戻ってしまいます。置いてきぼりにされた孝徳天皇は、失意の中で病死。中大兄皇子は、新たに即位した斉明《さいめい》天皇（皇極《こうぎょく》天皇の重祚《ちょうそ》）の下で、再び皇太子として活躍します。

その頃、隣の朝鮮半島では唐《とう》と新羅《しらぎ》が結んで百済《くだら》、高句麗《こうくり》を滅ぼし、倭《わ》（当時の日本）に脅威を与えていました。中大兄皇子の命により、倭軍は百済復興支援のための大軍を派遣しますが、天智二（六六三）年の白村江《はくそんこう》の戦いで大敗。唐・新羅の侵攻を恐れた中大兄皇子は、西国に城や人員を配備・配置して防衛体制を強化します。そして六六七年には都を大津宮に遷都し、即位して天智天皇となりました。

しかし白村江の敗戦に加え、国内の防衛力強化や遷都で民衆は疲弊していました。

壬申の乱の際に大海人皇子が兜をかけたと伝えられる兜掛石（岐阜県不破郡関ケ原町）

それでも天智天皇は、皇太子で弟でもある大海人皇子《おおあまのおうじ》や中臣鎌足《なかとみのかまたり》に助けられながら、中央集権国家体制の整備に努めます。そのまま大海人に天皇の座を譲ればよかったのですが、天智天皇は、成人した大友皇子を後継者としたいと考え始めます。大友の母は身分の低い家の出なので、当時、皇位を継承するには少し問題がありました。それでも天智天皇は大友を太政大臣にし、事実上の後継者とします。やがて病気になった天智天皇は、大海人を呼んで自分が死んだ後のことを託すと告げます。しかし、そこで素直に引き受けると、謀反《むほん》の疑いで殺されるのではないかと考えた大海人は、大友に全権を託すと告げ、出家して吉野に引きこもります。

天智天皇の死後、朝廷が吉野を攻撃しようとしているという報が大海人のもとにもたらされます。そこで大海人は吉野を脱出して兵を集め、大友皇子の軍勢と戦います。大海人が本営を置いたのは、後の関ケ原の辺りでした。そして大海人側が勝利し、大友皇子は自殺。その翌年に大海人は飛鳥浄御原宮《あすかきよみはらのみや》で即位し、天武天皇となりました。

壬申の乱・人物相関図

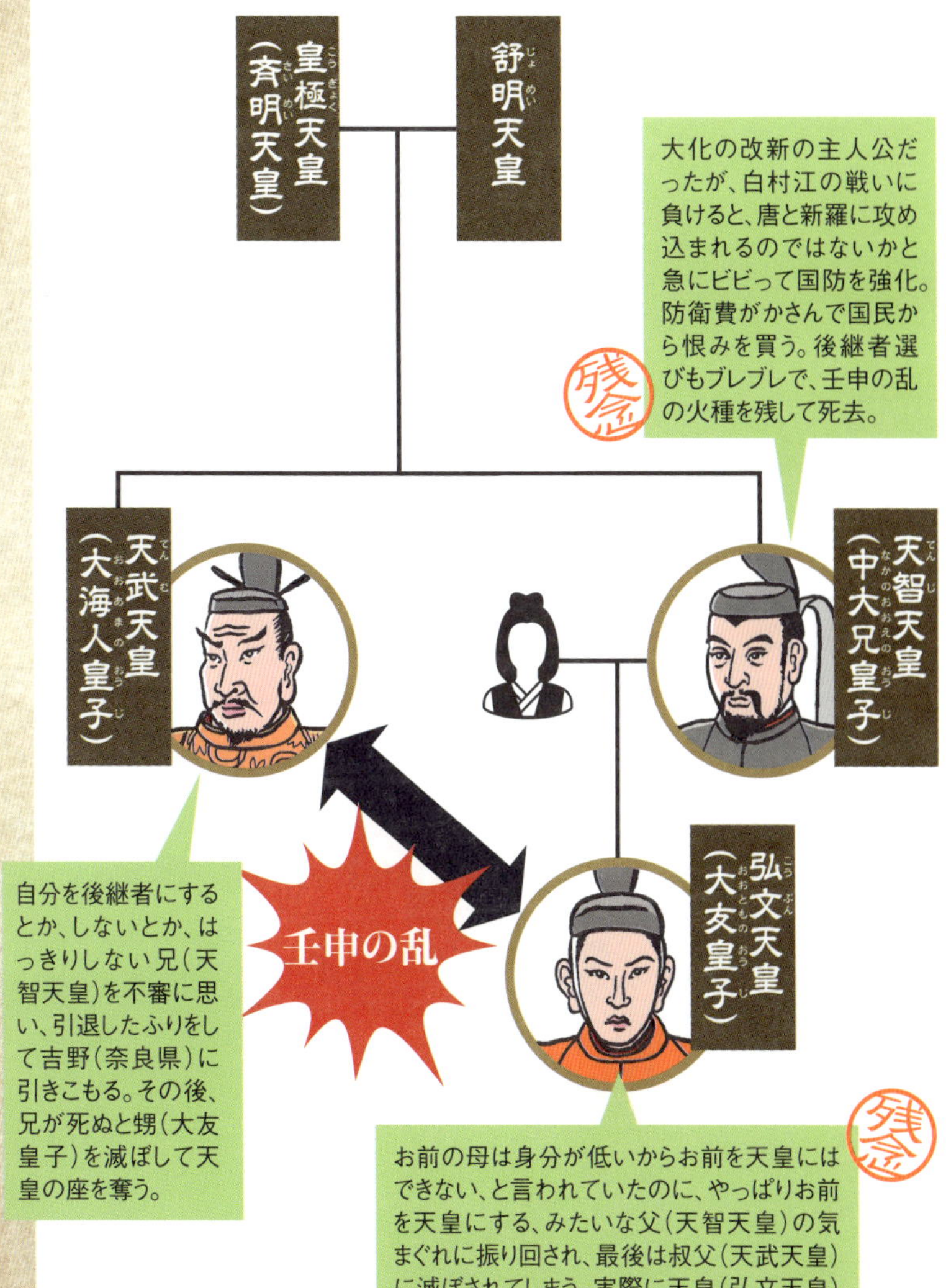

皇極《こうぎょく》天皇（斉明《さいめい》天皇）
舒明《じょめい》天皇
大化の改新の主人公だったが、白村江の戦いに負けると、唐と新羅に攻め込まれるのではないかと急にビビって国防を強化。防衛費がかさんで国民から恨みを買う。後継者選びもブレブレで、壬申の乱の火種を残して死去。
残念
天武《てんむ》天皇（大海人皇子《おおあまのおうじ》）
天智《てんじ》天皇（中大兄皇子《なかのおおえのおうじ》）
弘文《こうぶん》天皇（大友皇子《おおとものおうじ》）
壬申の乱
自分を後継者にするとか、しないとか、はっきりしない兄（天智天皇）を不審に思い、引退したふりをして吉野（奈良県）に引きこもる。その後、兄が死ぬと甥（大友皇子）を滅ぼして天皇の座を奪う。
残念
お前の母は身分が低いからお前を天皇にはできない、と言われていたのに、やっぱりお前を天皇にする、みたいな父（天智天皇）の気まぐれに振り回され、最後は叔父（天武天皇）に滅ぼされてしまう。実際に天皇（弘文天皇）の座に就いたかどうかという点は諸説ある。

源《みなもとの》 頼《より》 朝《とも》

流人の身分から蜂起し鎌倉幕府を樹立

源頼朝データ

●生没年
久安3(1147)年
～建久10(1199)年

●時代
平安時代末期
～鎌倉時代初期

●「すごい」功績
平家打倒の兵を挙げ鎌倉幕府を樹立

スタート

久安三（一一四七）年
義朝の三男として尾張国で生まれる。母は由良御前、幼名は鬼武者

永暦元（一一六〇）年
平治の乱で賊軍となった義朝は討たれ、頼朝は伊豆国へ流される

治承元（一一七七）年頃
流刑中に伊豆の豪族、北条時政の長女、政子と結婚

源《みなもとの》頼朝《よりとも》は、平治の乱で父・義朝《よしとも》が平清盛に敗れた後、京から逃げますが、平氏の郎党に捕らえられてしまいました。義朝は敗走中に捕まり殺されましたが、まだ幼かった頼朝は、清盛の継母・池禅尼《いけのぜんに》の助命嘆願のおかげで命は助けられます。しかし伊豆国へと流され、そこで二〇年の時を過ごすことになります。

三〇歳の頃、伊豆の豪族北条時政の娘・政子と結婚、北条氏の後ろ盾を得た頼朝に転機が訪れます。治承《じしょう》

すごい！

治承四（一一八〇）年
平家討伐の兵を挙げ鎌倉を本拠に軍事政権を確立

源頼朝像（神奈川県鎌倉市）

文治五（一一八九）年
義経をかくまった罪で藤原泰衡を攻め奥州藤原氏が滅亡

建久三（一一九二）年
後白河上皇が崩御、後鳥羽天皇により征夷大将軍に任ぜられる

四（一一八〇）年、以仁王《もちひとおう》の平氏討伐の令旨《りょうじ》に応じて頼朝も挙兵しました。石橋山《いしばしやま》の戦いで平家方に敗れましたが、安房国《あわのくに》（千葉県）で東国武士を結集、富士川の戦いで勝利して勢いを得ます。各地の豪族も頼朝に呼応して兵を挙げ、平清盛が世を去ると、従兄弟の源義仲が平氏を追い落として京に入りました。けれども義仲は後白河上皇《ごしらかわじょうこう》と対立。頼朝は自分の上洛を望む上皇に鎌倉政権を公式なものと認めさせると、弟の源範頼《のりより》、義経の大軍を京に向かわせ、義仲を討ちます。この源氏の仲間割れを機に京を奪還しようとする平氏を義経は撃退し、そのまま壇ノ浦《だんのうら》まで追撃して滅ぼします。

しかし頼朝は結局、義経も殺してしまいます。そして建久三《けんきゅう》（一一九二）年、後鳥羽天皇によって頼朝は征夷大将軍に任命され、鎌倉幕府を開きました。

ざんねん!

源頼朝

〝不倫は文化〟を実践し 妻の政子に 愛妾の家をぶっ壊される

関東の武士社会において結婚はとても重大なことでした。嫁をもらうということは、その実家と一つになるということを意味します。例えば大江広元《おおえのひろもと》の息子、毛利《もうり》季光《すえみつ》は鎌倉幕府の有力な御家人、三浦氏から嫁をもらいました。季光は三浦氏が北条氏を相手に戦ったとき、負けるとわかっていながら三浦氏側について自刃《じじん》することになります。彼は武士の名誉のため、嫁の実家を支える道を選んだわけです。

伊豆で流人生活を送っていた頼朝が最初に嫁として選んだのは、頼朝の監視役である伊豆の豪族、伊東祐親《いとうすけちか》の娘・八重姫《やえひめ》でした。頼朝は祐親が上洛している間に八重姫と通じて男子をもうけます。それを知った祐親は平氏の怒りを恐れ、生まれた子を水に沈め、頼朝を殺害しようとします。そのとき頼朝が伊豆山神社に逃げ込み、匿《かくま》われた先が、北条時政の館だったのです。

そして頼朝の運命の女性は時政の長女・北条政子でした。このとき、使いをしたのは頼朝の流人時代の家来、安達藤《とう》九郎《くろう》盛《もり》長《なが》という男です。藤九郎は美人の妹の方に渡すはずの恋文を男勝りで評判の政子に渡してしまいます。そして頼朝と政子は恋仲となり、ついに時政は結婚を認めるのです。藤九郎はいい仕事をしたものです。

しかし政子は嫉妬心も強く、例えば頼朝に亀の前という愛妾ができると、怒って亀の前が住んでいる家を破壊するという暴挙に出ます。一三歳まで京都に暮らしていた頼朝にしてみれば、まさに〝不倫は文化〟だったのかもしれません。頼朝の女癖の悪さはその後も続いたようで、源氏の棟梁としてはちょっと残念な性格でした。

源《みなもとの》頼《より》家《いえ》

偉大な頼朝の跡を継ぎ 一〇代で源氏のトップに

源頼家データ

●生没年
寿永元(1182)年
〜元久元(1204)年

●時代
平安時代末期
〜鎌倉時代初期

●「すごい」功績
源頼朝の跡継ぎ。若くして鎌倉幕府第二代将軍となる

スタート

寿永元(一一八二)年
源頼朝の嫡男として生まれる。母は北条政子、幼名は万寿

建久四(一一九三)年
富士の巻狩りで頼家が鹿を射ると頼朝は政子に使者を送るほど喜ぶ

建久九(一一九八)年
比企能員の娘、若狭局が頼家の長男、一幡を生む。頼家一七歳

鎌倉幕府初代将軍・源頼朝が突然亡くなると、源頼《より》家《いえ》は一八歳で家督を継ぎます。若くして源氏の棟梁となった頼家は、武勇に優れていたと言われています。しかし平氏との戦いを終えた源氏には大きな戦の機会もなく、頼家の武勇が発揮されることはありませんでした。一方、頼家の政治手腕はまだ経験が足りないだけに未熟で、御家人たちの反発を招きます。わずか三カ月後には大江広元《おおえのひろもと》、梶原景時《かじわらかげとき》、比企能員《ひきよしかず》、北条時《ほうじょうとき》

すごい!!

建久一〇（一一九九）年
頼朝が急死し、頼家が家督を受け継ぎ征夷大将軍となる

建仁三（一二〇三）年
頼家危篤に陥る。一幡と能員が北条時政によって謀殺される

元久元（一二〇四）年
北条氏の兵により伊豆修禅寺で殺害される。享年二三歳

修善寺
（静岡県伊豆市）

政《まさ》らによる一三人の合議体制が敷かれ、頼家の実権は長老たちに奪われてしまいました。

頼家は自分の養育に深く関わった比企能員を重用し、その娘若狭局《わかさのつぼね》との間に長男の一幡《いちまん》をもうけていました。そして一幡に家督を継がせようと考えていましたが、時政、政子は頼家の弟千《せん》幡《まん》（後の源実朝）を推していたため、家督の継承をめぐる軋轢《あつれき》が生じました。時政が一番恐れていたのは、一幡が跡目を継げば比企家が力を持ち、北条家の立場が危うくなるということでした。

建仁三（一二〇三）年、頼家が病気で危篤に陥ると、能員と一幡は時政によって謀殺され、比企一族は滅亡してしまいます。病気が回復した頼家は激怒して時政を討ち取ろうとしますが、逆に伊豆修禅寺《しゅぜんじ》に幽閉され、最期は暗殺されてしまいます。

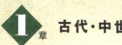

ざんねん！

源頼家

入浴中に刺客に襲われ急所を摑まれ、ひるんだところを刺殺される

北条時政と政子は、なぜ自分の孫であり子でもある頼家を排除しようとしたのでしょう？　頼家の母は北条政子ですが、自分で育てなかったため、頼家に対してそれほど愛情を感じていなかったようです。頼家が育てられたのは、比企《ひき》の家でした。そして幼馴染だった比企の娘と結ばれて子供もつくっています。ということは、頼家が強大な権力を持った将軍になってしまうと、その親戚として力を持つのは北条でなく比企家になります。だから北条としては、頼家を将軍の座から引きずり降ろしたい。しかし、比企の家は大きく、北条が正面から挑んでも敵う相手ではありません。

そこで時政と政子は策謀をめぐらせます。折しも頼家が突然重い病にかかり、危篤状態に陥ったため、時政は京の朝廷に使者を送り、千幡が将軍職を継いだと告げます。そして同時に、将軍重病の混乱に乗じて、比企一族も滅ぼしてしまいます。

ところが頼家はもともと体が頑強だったためか、危篤状態を脱して快復します。しかしすでにそのときには女房、子供は殺され、将軍職も剥奪されていました。時政に復讐しようとしても従う者もなく、逆に修禅寺《しゅぜんじ》に追放されてしまいます。修禅寺は南に天城《あまぎ》峠、北には北条の本拠があってとても逃げられる場所ではありません。そこに北条氏が放った暗殺者がやってきます。頼家は武勇に優れていたため、刺客は風呂に入っているところを襲ったのです。刺客は頼家の急所をぎゅっと握って、痛がっているところを刺し殺したといいます。慈円《じえん》の『愚管抄《ぐかんしょう》』には「ふぐりを摑《つか》んで怯《ひる》んだところを殺した」とあります。なんとも悲しい、残念な最期でした。

源《みなもとの》義《よし》経《つね》

源氏大勝の立役者
戦術の革命児

スタート

平治元（一一五九）年
源義朝の九男、幼名は牛若丸。母は常盤御前で頼朝とは異母兄弟

治承四（一一八〇）年
源頼朝が伊豆で挙兵するとその軍に加わり黄瀬川の陣で兄と対面

寿永三（一一八四）年 一月
平氏を追い出して京に居座る源義仲を兄・範頼と共に破る

源義経データ

●**生没年**
平治元(1159)年
〜文治5(1189)年

●**時代**
平安時代末期
〜鎌倉時代初期

●**「すごい」功績**
「鵯越の逆落とし」「八艘飛び」など歴史的名場面を残す

源義経《みなもとのよしつね》は平安時代の武将で、小さい頃は牛若丸《うしわかまる》と呼ばれていました。父・義朝が平治の乱で敗れ、殺されそうになりますが、母の常盤御前《ときわごぜん》が体を張って平清盛にお願いをして命は助けられ、鞍馬寺《くらまでら》に預けられます。

治承四（一一八〇）年、兄の頼朝が平氏追討の軍を挙げるとその軍に加わり、その後、頼朝の命で兄・範《のり》頼《より》とともに上洛。平氏を追い払い、京で狼藉《ろうぜき》を働いていた源義仲を滅ぼします。しかし西国に逃げた平氏が

すごい!!

寿永三（一一八四）年二月
一ノ谷の戦い。精兵七〇騎で鵯越の逆落としを決行、平氏軍を破る

元暦二（一一八五）年
屋島の戦いに奇襲で勝利、さらに壇ノ浦の戦いで平氏を滅ぼす

源義経像（山口県下関市）

文治五（一一八九）年
頼朝の圧力に屈した藤原泰衡の裏切りに遭い、自害する。享年三一歳

勢力を回復して福原（兵庫県）まで迫ると、義経は一ノ谷の戦いで鵯越《ひよどりごえ》※の急斜面から敵の背後を急襲して破り、その勢いで讃岐《さぬき》国（香川県）の平氏の拠点、屋島を攻略、敗走する平氏の軍を追撃し、壇ノ浦でついに平氏を滅ぼします。

　源氏の宿願を果たし、京に凱旋した義経を待っていたのは頼朝の冷たい仕打ちでした。頼朝の許可なく後白河上皇から官位をもらったことが頼朝を怒らせた原因といわれていますが、源氏が力を持つことを恐れた上皇が、兄弟を仲たがいさせる策略だったという説もあります。その後、義経は頼朝のいる鎌倉に入ることも許されず、頼朝から命を狙われる身となり、昔世話になっていた奥州の藤原氏を頼ります。しかし頼朝に脅された秀衡《ひでひら》の子、泰衡の裏切りに遭い、自害に追い込まれたのでした。

※兵庫県神戸市の六甲山地にある険しい山道

どんねん！

源義経

武士道もへったくれもない なりふり構わぬ卑怯な戦術で 平家を滅ぼす

義経は戦《いくさ》に革命を起こした人です。そう言うと聞こえはいいのですが、言ってしまえば〝卑怯者〟でした。武士には長年続いた伝統があります。〝兵《つわもの》の道〟、後の武士道です。相手も同じ人間であり家族もいる。それを背負って戦っているのだから相手をリスペクトしようという考えが武士の根本にあったのです。

一ノ谷の戦いの〝鵯越の逆落とし〟は崖のような急斜面を馬で駆け下りるという無鉄砲な戦術でした。平氏軍は背後の崖から攻められることはないと思っていたので、そこから襲いかかられるとあっという間に負

けてしまいます。屋島の戦いは強運も味方しました。激しい嵐の中を船で四国に渡ったところまではいいのですが、隣の徳島県に着いてしまった。慌てて陸路を行くとちょうど屋島にいる平氏軍の背後に出た。ここでも、また背後から襲いかかって平氏軍を打ち破るわけです。

そして極めつけは壇ノ浦の戦いです。ここで義経が何をしたかというと、〝水主《かこ》梶取《かんどり》には手を出すな〟、つまり船の漕ぎ手は非戦闘員なので殺してはいけないという武士の世界のルールを破り、彼らを容赦なく殺すよう部下に命じたのです。漕ぎ手を失った平氏の船は動けなくなり、平氏は壊滅したのでした。

本来、平氏を滅ぼした義経は武士の間で高く評価されたはずです。しかし、そうならず最後に頼朝に追われて殺されたのは、その戦略戦術が〝卑怯なやり方〟として評判が悪かったからかもしれません。ちなみに義経は美少年というイメージがありますが、残念ながら『平家物語』に書いてある定説は〝チビで出っ歯〟です。

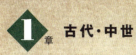

比《ひ》企《き》能《よし》員《かず》

北条に代わって幕府を牛耳《ぎゅうじ》れる可能性もあった

比企能員データ

●生没年
生誕年不詳
〜建仁3(1203)年

●時代
平安時代末期
〜鎌倉時代初期

●「すごい」功績
頼朝のために尽くした鎌倉幕府の有力御家人

スタート

寿永元（一一八二）年
頼朝の乳母、比企尼と能員の屋敷で北条政子が頼家を生む

元暦元（一一八四）年
人質の源義仲の嫡男、義高が逃亡し、その討伐のため信濃国に出陣

文治五（一一八九）年
奥州藤原氏征伐。頼朝より北陸道大将軍に任命され出兵する

比企能員《ひきよしかず》は頼朝の乳母《うば》だった比企尼《ひきのあま》の猶子《ゆうし》※で、鎌倉幕府の有力な御家人でした。彼が頼朝のもとで出世できたのは比企尼の存在が大きく、彼女は頼朝が伊豆国に流刑となったときも二〇年間仕送りを続けました。恩に報いたい頼朝は比企尼を鎌倉の比企ヶ谷《ひきがやつ》（現在の妙本寺）に住まわせ、能員を自分の右腕として重用したのです。頼朝に嫡子が生まれるときには、能員の館が産所として使われ、そこで政子は頼家を出産してい

※主に兄弟・親類の子を自分の子としたもの

すごい！

比企能員一族の墓（神奈川県鎌倉市）

建久九（一一九八）年
頼家の側室、能員の娘若狭局が長男、一幡を生む

正治元（一一九九）年
頼家が二代将軍となるが実権を失い、一三人の合議制に加わる

建仁三（一二〇三）年
時政により能員は謀殺、軍勢が比企家を急襲し、一幡と一族は滅亡

ます。能員夫妻は頼家の乳母父《めのと》を務め、また娘の若狭《わかさの》局《つぼね》は頼家の側室として長男、一幡《いちまん》を生んで、比企家は外戚《がいせき》として権勢をふるったのです。

能員自身も、平氏との戦いやその後の奥州合戦で武功を挙げています。しかし、頼朝が亡くなり、頼家が二代将軍になると、雲行きはにわかに怪しくなってきます。政子と時政にとっては比企家の繁栄は、北条家の立場を危うくしてしまうからです。北条家の勢力を維持・拡大するためには、頼家を排除して次男の実朝《さねとも》を擁立し、比企一族を滅ぼす以外にないと彼らは考えました。そして建仁《けんにん》三（一二〇三）年、時政は仏事を装って能員を家に招くと、手勢を使ってこれを謀殺してしまいます。報《しら》せを聞いた比企一族は一幡の邸に立てこもり北条の軍勢と戦いますが、やがて力尽き一族は自害してしまいました。

ざんねん！

比企能員

だまし討ちかと疑いもせず招かれた敵将の家へ武装もせず出向き謀殺された残念な将

比企能員の残念なところは、あまり思慮深い人ではなかったらしいところです。

頼朝の御家人で梶原景時《かじわらかげとき》という人物がいました。彼は文武に優れ非常に能力が高い武士で、頼朝からも信頼されていました。『愚管抄《ぐかんしょう》』にも「鎌倉ノ本体ノ武士（頼朝の第一の家来）」と書かれています。しかし景時は、他の御家人からは、「頼朝の威光を笠に着て、やりたい放題やっている嫌な奴」と思われていたようです。頼家の時代になっても景時は重用されますが、不満をもった御家人たちから頼家に連判状が突きつけられます。頼家も景時を庇《かば》いきれずに幕府から追放、京に逃げる途中で誅殺《ちゅうさつ》されてしまいました。それを陰で糸を引いていたのは北条時政のようです。

そのとき、連判状には能員も名を連ねていました。能員は頼家を支えていかなければならない立場ですから、本来は梶原と手を組まなければならなかったのです。

ところが、その味方をわざわざ窮地に追い込んで、見殺しにしてしまったのです。

さらに時政は政敵である能員を除くための策謀をめぐらせます。そして時政にとって絶好のチャンスは、頼家が重病に罹《かか》ったことでした。

時政はこの混乱に乗じて、いろいろ理由をつけて能員を自邸に呼びつけます。すると能員は、平礼烏帽子《ひれえぼし》をつけて平服のまま家来も連れずに北条邸を訪れました。これはあまりに無防備と言えるでしょう。今でいえば、ジャージで戦場に行くようなものです。

案の定、能員はそこで殺されてしまいますが、彼にはもう少し頭を働かせて欲しかったという残念なお話でした。

後《ご》醍《だい》醐《ご》天《てん》皇《のう》

天皇親政を最期まで諦めない 不屈の精神

スタート

正応元（一二八八）年
大覚寺統・後宇多天皇の第二皇子として生まれる

文保二（一三一八）年
持明院統の花園天皇が譲位し第九六代天皇となる

元弘二（一三三二）年
討幕計画に失敗し隠岐島に流されるが、翌年島を脱出

後醍醐天皇データ

●生没年
正応元(1288)年
〜延元4(1339)年

●時代
鎌倉時代〜室町時代

●「すごい」功績
鎌倉幕府から政権を奪還し
天皇親政を実現

後《ご》醍《だい》醐《ご》天《てん》皇《のう》は大覚寺統・後宇多天皇の第二皇子として生まれました。当時は大覚寺統と持明院統という二つの天皇家の系統が交互に天皇になる「両統迭立《てつりつ》」の時代にあったため、持明院統の花園天皇の譲位後、第九六代天皇となります。後醍醐天皇は、天皇が自ら政治を行う親政の形をとり、優秀な人材を登用するなど積極的な改革を行います。そして鎌倉幕府を押さえて実権を朝廷に取り戻そうと計画しますが、正中の変、

すごい！

元弘三（一三三三）年
鎌倉幕府討幕を達成し
建武の新政を開始

建武三（一三三六）年
足利尊氏の離反で吉野に逃れ
南朝を開く

延元四／暦応二（一三三九年）
後村上天皇に譲位し、崩御

後醍醐天皇を祭る吉水神社
（奈良県吉野郡吉野町）

元弘の変という二度の討幕計画に失敗。特に元弘の変では、計画が側近の密告で幕府に発覚したため、京都を脱出し笠置山に籠城するものの、敗れて隠岐島に流されます。しかし後醍醐天皇は不屈の精神で隠岐島を脱出、船上山に立てこもり、そこから各地に討幕の命を発すると、それに呼応した武士たちの活躍で、ついに鎌倉幕府は滅びます。

討幕後、後醍醐天皇は再び親政（建武の新政）を行いますが、新しい天皇の治世に武士たちは不満を募らせ、その棟梁である足利尊氏が天皇に離反します。そこで後醍醐天皇は吉野に逃れて南朝を開き、尊氏が擁立した北朝との間で対立、以後、六〇年にもわたる内乱が始まります。政権の奪還を試みた後醍醐天皇でしたが、その夢はかなわず、「魂魄《こんぱく》は常に北闕《ほっけつ》の天を望まん」と最期まで京への帰還を胸に亡くなりました。

ざんねん！

後醍醐天皇

討幕計画がバレたら意外にシレっと部下のせいにするしたたかな面も

後醍醐天皇は、大覚寺統・後宇多天皇の第二皇子でした。そのため、兄（第一皇子）である後二条天皇の遺児、邦良親王が即位するまでの「つなぎ」の天皇とも言われていました。しかし後醍醐天皇は、自分の親王を天皇にしたいと考えます。当時は、幕府の定めたルールではありませんでしたが、天皇家も持明院統と大覚寺統が交互に天皇になるという「両統迭立」が成り立っていた時代です。順番でいけば、次は持明院統の天皇に皇位を譲らなければなりませんが、この両統迭立のような制度は息子への皇位継承の障害になるため、それを定めた幕府も後醍醐天皇にとっては邪魔な存在となります。そこで討幕を計画しますが、天皇の二度にわたる討幕計画は、いずれも幕府に密告されています。一回目の計画（正中の変）が失敗すると、計画に加担した日野資朝《すけとも》らが罪をかぶって流罪とされ、天皇は免罪《めんざい》とされました。

二度目の討幕計画は側近の吉田定房《さだふさ》によって密告され、流罪中の資朝らは死刑に処せられます。ところがこの定房は、討幕後の建武の新政では、後醍醐天皇から要職を与えられており、天皇と定房はグルだったとも言えるわけです。後醍醐天皇がそこまで討幕を急いだ理由は、邦良親王の死も関係するのではないかと思われます。親王の死後、勢いづいた持明院統の皇位継承者・量仁《かずひと》親王が皇太子に立てられ、後醍醐天皇は譲位を迫られていました。その状況を脱するためには、討幕の兵を挙げる以外なかったのかもしれません。

結局、天皇にとっての討幕の「大義名分」は、このような天皇の地位への執着から来ているものなのかもしれません。

足《あし》利《かが》義《よし》満《みつ》

武家の棟梁にして公家最高の官職も得る

足利義満データ

●生没年
延文3／正平13(1358)年～応永15(1408)年

●時代
室町時代前期

●「すごい」功績
史上初、武士と公家の頂点に立った男

スタート

延文三／正平一三（一三五八）年
足利義詮、側室の紀良子の子として生まれる。幼名は春王

応安元／正平二三（一三六九）年
征夷大将軍に任ぜられる。管領・細川頼之が義満の補佐をした

明徳二／元中八（一三九一）年
有力大名の山名氏清を挙兵させ討伐する

室町幕府三代将軍、足利義満《あしかがよしみつ》は祖父、足利尊氏が死んだ一〇〇日後に二代将軍、足利義詮《よしあきら》の子として生まれました。しかし義詮が早く亡くなったため、義満はわずか一〇歳で家督を継ぎ、政務は管領・細川頼之《ほそかわよりゆき》を中心とする足利一門の守護大名が支えました。

この時代は天皇家が皇位の正当性を主張して争っていた南北朝の動乱が続き、日本中が混乱のさなかにありました。各守護大名の連合の上に成り立っていた幕

すごい！

明徳三／元中九（一三九二）年
南朝と北朝との間で〝明徳の和約〟を締結。南北朝合体が実現

応永元（一三九四）年
将軍職を足利義持に譲り、従一位太政大臣に任官される

応永五（一三九八）年
京都北山に舎利殿を創建、金閣と呼ばれた

金閣寺（京都市）

府の権力も強力なものではなく、成長した義満は将軍の権威を高める必要性を実感します。そこで有力な守護大名たちの力を削ぐため、彼らを内紛に乗じて弱体化させます。美濃の土岐《とき》氏や〝六分一殿〟と言われた山名氏も義満の策略で力を失います。さらに義満は公家社会にも接近し、内大臣、そして左大臣の位を得、朝廷内での存在感も高めていきました。

やがて南朝勢力が衰退すると、義満はそれを機に南朝・北朝が交互に即位する両統迭立《りょうとうてつりつ》（実は実行されなかった）を提案して両朝を合体させ五八年間の南北朝時代に終止符を打ったのです。

応永元（一三九四）年、義満は武家としては平清盛に次いで二人目の太政大臣になります。武家の頂点である征夷大将軍の経験者が、朝廷の最高職である太政大臣に任官したのは歴史上で義満ただ一人です。

ざんねん！

足利義満

武家社会と公家社会両方のトップの座をゲットしたが実は稀代の女好き

義満は武家のトップを務めていましたが、信長や秀吉のように武力で時代を切り拓く能力は欠けていたように思います。これは比較的幕府が安定した時代の三代将軍なので仕方ない面もあるでしょう。もしかしたら武力でも優れた面を持っていたかもしれませんが、それを示す機会はありませんでした。

しかし、優れた権力者は、新しい芸術や文化を育てる能力にも秀でていることがよくあります。例えば織田信長は、天守閣や石垣を作って従来の城郭の概念をガラッと変えました。そのほか政治に「お茶」の概念を取り入れ、舞を愛好し、相撲も観戦しています。

義満の場合は能楽師の世阿弥《ぜあみ》を寵愛し、「能《のう》」というジャンルを確立しました。また北山に金閣を建て（鹿苑寺《ろくおんじ》）、北山文化を花開かせます。彼は武士でありなが

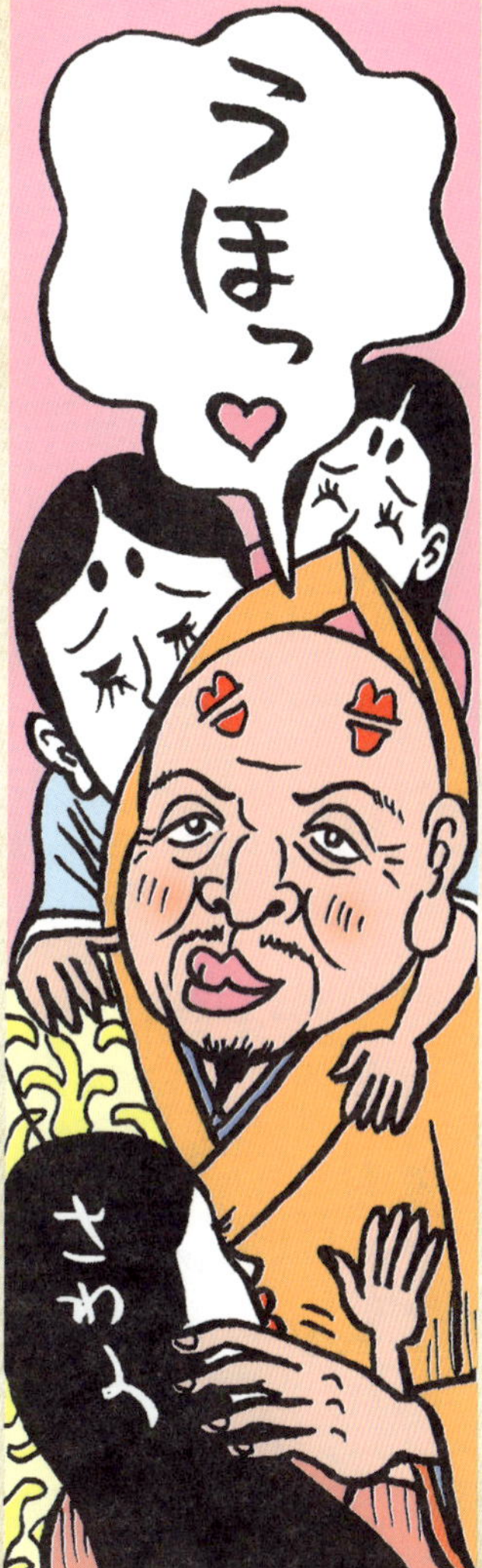

ら文化芸術の審美眼に優れ、見極める力があったのでしょう。

義満は武士でありながら貴族としても大出世しました。しかし残念なことに、義満は女癖が悪かったのです。貴族のお姫様にも部下の女房にも見境なく手を出す。

そういった風評が広がると、あらぬ事件も起こります。当時、関係が悪かった後《ご》円融《えんゆう》天皇は、女御《にょうご》である厳子《たかこ》が義満と密通しているのではないかと疑い、彼女に大怪我をさせます。また、寵愛していた側室にも疑いの目を向けると、宮中から追放してしまいました。ことの真偽は定かではありませんが、義満の女好きが招いた災難だったのかもしれません。

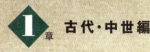

2章

戦国時代編

下剋上の時代から三英傑による天下統一の時代へ

一四六七年
応仁の乱が始まる
（〜一四七七年）

一五五三年
川中島の戦い
（〜一五六四年／五回）

一五六〇年
桶狭間の戦いで織田信長が
今川義元を滅ぼす

一五六五年
室町幕府第一三代将軍足利義輝が松永久通らに殺される

一五六八年
織田信長、足利義昭を奉じて京に入る

一五八二年
本能寺の変。織田信長が明智光秀の謀反で自害

一五九〇年
豊臣秀吉、小田原の北条氏を討ち、天下を統一

一五九八年
豊臣秀吉が死去し、朝鮮より撤兵

一六〇〇年
関ヶ原の戦い。徳川家康の東軍が勝利し、石田三成は処刑

一六一四年／一六一五年
大坂の陣（冬・夏）。豊臣氏滅びる

太《おお》田《た》道《どう》灌《かん》

あの江戸城を築城した かくれた名将

太田道灌データ

●生没年
永享4（1432）年
～文明18（1486）年

●時代
室町時代後期

●「すごい」功績
武将・学者としても超一流で、あの江戸城を築城

スタート

永享四（一四三二）年
扇谷上杉家の重臣である太田資清の家に生まれる

康正元（一四五五）年
太田家の家督を継承する

康正二（一四五六）年
江戸城の築城を開始

江戸城を築城したことで有名な太《おお》田《た》道《どう》灌《かん》は、相模国（神奈川県）で生まれたと言われています。父の資清《すけきよ》は、扇谷《おうぎがやつ》上杉家の重臣でした。扇谷上杉家とは、関東を統治する関東管領《かんれい》上杉家の一族です。道灌が生まれた頃、上杉家は山内《やまのうち》上杉家と扇谷上杉家があり、扇谷上杉家は山内上杉家を補佐する立場でした。

道灌が家督を相続した康正元（一四五五）年の前年から、関東では享徳の乱という大乱が始まっています。関

すごい!!

長禄元（一四五七）年
江戸城が落成する

文明八（一四七六）年
長尾景春が反乱を起こす

文明一〇（一四七八）年
剃髪して太田道灌と号す

江戸城（現在の皇居 東京都千代田区）

東の諸将は両上杉家側と、室町将軍家の血筋である足利成氏《しげうじ》側とに分かれて争いました。関東を二分する争いとなった享徳の乱は、京都で起こった応仁の乱（一四六七年～）に先駆けて勃発したことから、先に戦国時代に突入したのは関東だといわれています。

文明八（一四七六）年に山内上杉家の家臣・長尾景春が成氏陣営について謀反を起こすと、長尾方に寝返る者が続出し、両上杉家は危機を迎えてしまいます。

これを受け、三〇を超える戦いに出陣して争いを鎮圧したのが道灌でした。道灌は、長尾陣営を一つ一つ突き崩し、ついに文明一四（一四八二）年、三〇年近くに及ぶ大乱を終結させたのです。道灌の活躍により、扇谷上杉家の勢力は拡大しましたが、扇谷上杉家の当主・上杉定正によって道灌は暗殺されました。

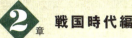

ざんねん！

太田道灌

優秀すぎて周囲から嫉妬を買い最期は風呂場で暗殺される

「当方滅亡」。これは、道灌が最期に残した言葉といわれています。この言葉の意味は「自分がいなくなれば、扇谷上杉家は滅亡する」というものです。

道灌の暗殺を受け、父の資清や道灌の子である資康をはじめ、扇谷上杉家に属していた者の多くが当主の上杉定正を見限り、山内上杉家へと逃げていきます。みるみるうちに力を失った扇谷上杉家は、やがて山内上杉家によって滅ぼされてしまいました。道灌の予言が的中したのです。

定正を道灌暗殺に走らせたものは、享徳の乱での活躍で名声の高まった道灌への嫉妬という見方が大半ですが、その陰には、山内上杉家の当主・上杉顕定《あきさだ》の策略があったともいわれています。つまり、扇谷上杉家の家中に「道灌が謀反を起こそうとしている」とデマを飛ばしたのです。それを信じた定正が疑心暗鬼になった結果

だというのです。あまりに有能すぎた道灌自らが招いた悲劇とも言えます。

どちらにしても、扇谷上杉家が山内上杉家に滅ぼされた後、一方の山内上杉家も相模の北条氏によって滅ぼされました。両上杉家を統率した、それぞれの主君の見立ての甘さが、両上杉家の滅亡を早めたのかもしれません。

道灌は幼い頃、父親から「人間は真っすぐでないといけない」と言われると、「屛風は真っすぐでは立たない」と反論するなど、いわゆる頭が良すぎで「嫌なガキ」でした。そのため父から、あまりに知恵が過ぎると災いを招く、とも警告されています。その聡明さと、自信にあふれた道灌の性格が、暗殺という残念な結末を招いたのかもしれません。

コラム

応仁の乱
戦国時代の入口となった 一一年に及ぶ大乱

歴史上有名な室町時代の大乱、応仁の乱。一一年にも及ぶこの大乱は、複合的な要因によって引き起こされますが、簡単に言ってしまえば、きっかけは足利将軍家と管領家の後継者争いでした。

まず、将軍足利義政には跡継ぎができなかったため、出家していた腹違いの弟の足利義視《よしみ》を還俗《げんぞく》させて後継者にしようとしました。しかしその翌年、妻の日野富子が男子を出産したのです。これが後の足利義尚《よしひさ》です。

富子は、自分の子を将軍にするため、その後ろ盾を山名宗全に頼みます。一方、わざわざ還俗して将軍になる準備を進めていた足利義視も、今さら何だということで、山名氏の対抗勢力である細川勝元に援助を求めました。これにより、幕府の実権を握ろうとしていた細川・山名の二大勢力の対立が激化します。

また、この時期、有力守護大名の畠山の家でも後継者争いが起きていました。それぞれの対抗勢力が細川方（東軍）と山名方（西軍）に分かれて激突したのが、応仁の乱です。

この大乱は、両軍の大将である山名宗全や細川勝元がこの世を去ってもなかなか終息せず、戦いは一一年にも及び、京都はすっかり焼け野原になってしまいました。また、京で戦乱が起きていた頃、守護大名の領国では守護代や国人たちが勢力を強めて領国支配の実権を握る「下剋上」が起き始め、時代は戦国時代へと突入していくのです。

京都にある応仁の乱発祥の地

応仁の乱・人物相関図

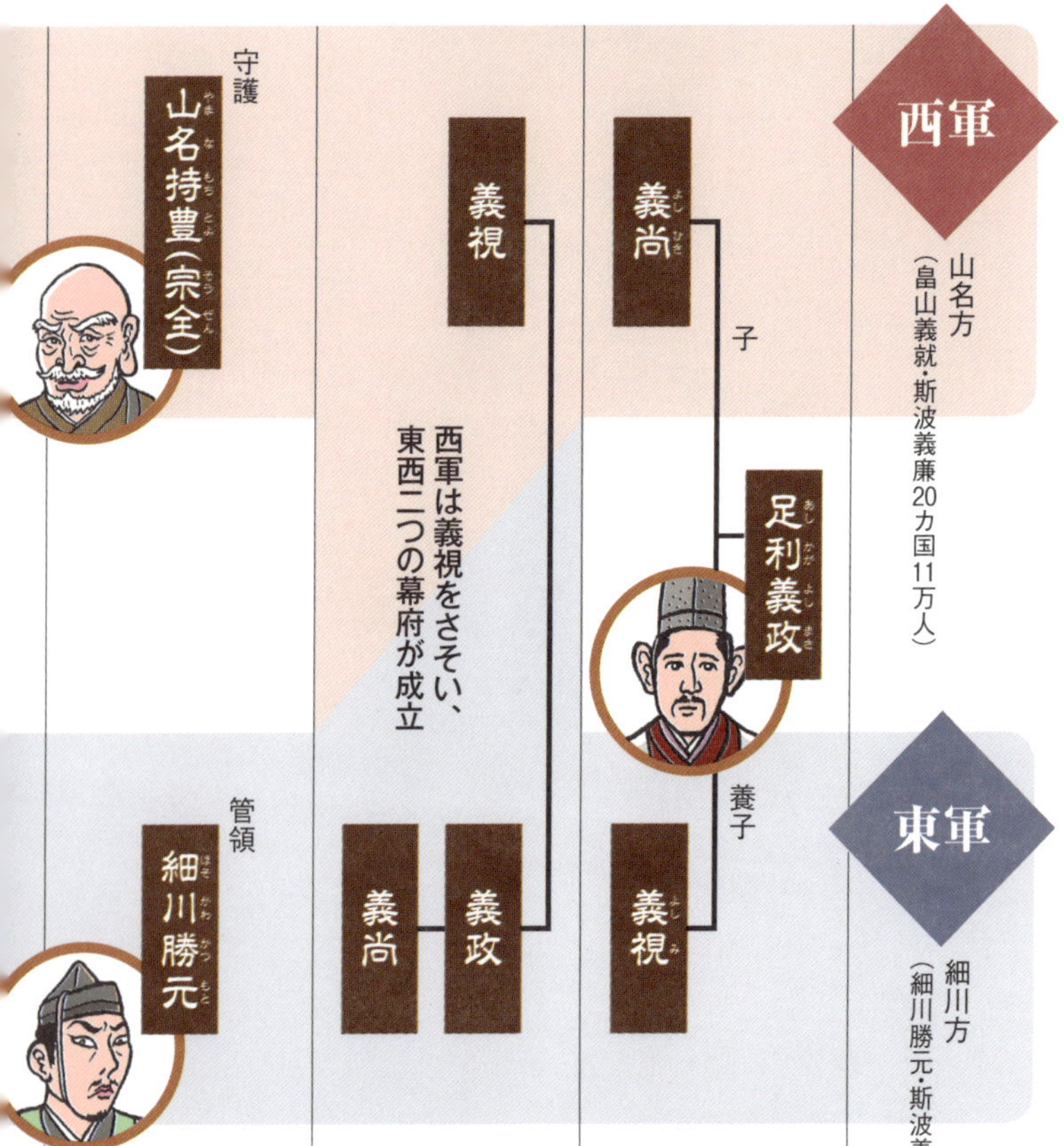

幕府内勢力争い

幕府の実権を握ろうとして争い、それぞれ義視と義尚を支援したため対立が激化。

将軍家

当初、東軍が将軍邸を占拠して義政・義尚・義視の身柄を確保。1468年義視が将軍邸を抜け出し、西軍は義視を将軍に立てて幕府としての陣容をととのえ東西二つの幕府が成立。

将軍後継問題

義政が弟の義視を次期将軍に指名した後に、妻の日野富子との間に義尚が誕生したことから家督争いが起こった。

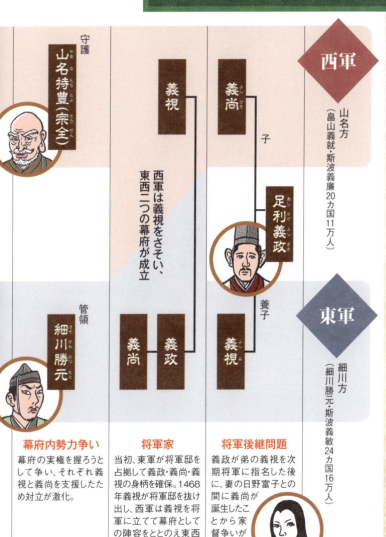

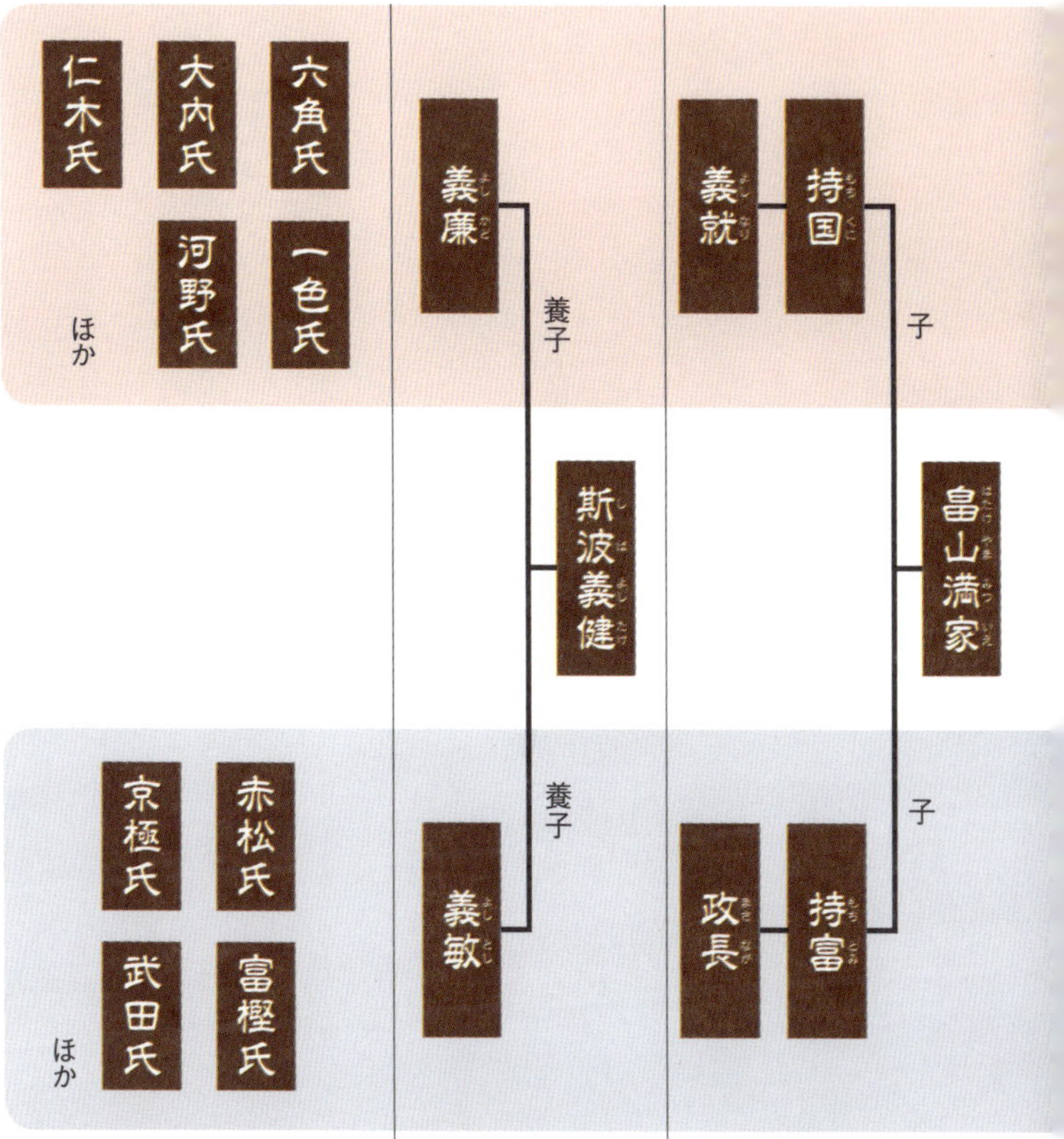

有力守護による争い

斯波氏家督争い

惣領の斯波義健が後継のないまま死去したため、一族から迎えられた斯波義敏と九州探題渋川氏の一族から迎えられた斯波義廉が家督を争う。

畠山氏家督争い

父畠山持国から家督を譲られた畠山義就に対し、反義就派の家臣が一族の畠山政長を擁立して対立。

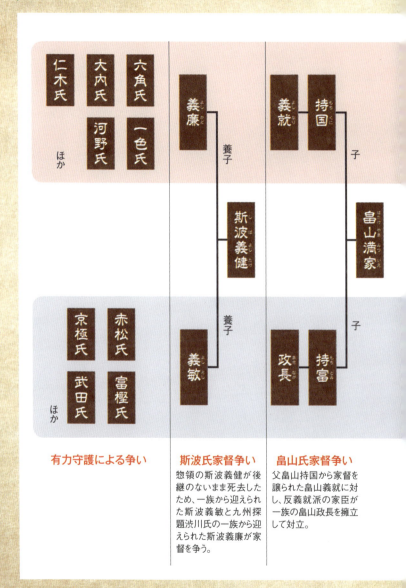

武《たけ》田《だ》信《しん》玄《げん》

信長、家康をも脅かした 戦国「最強」武将

スタート

大永元(一五二一)年
甲斐国守護・武田信虎の嫡男として生まれる。実名は晴信

天文一〇(一五四一)年
父・信虎を隠居させ、駿府・今川義元のもとへ放逐、当主となる

天文二二(一五五三)年
上杉謙信と北信濃の支配をめぐり川中島で数次にわたって戦った

戦国最強の武将とも言われる武田信玄《たけだしんげん》。三方ヶ原《みかたがはら》の戦いや野田城の戦いの後に急死しなければ、織田信長、徳川家康の命も危うかったかもしれません。そんな無敵の武将・武田信玄は、大永元（一五二一）年、甲斐源氏の流れを汲む武田氏の嫡男として生まれました。幼い頃から神童と評されるほど文武に長《た》け、『孫子《そんし》』や『三略《さんりゃく》』など中国の兵法書にも精通したと言われています。父・信虎《のぶとら》は賢すぎる信玄をうとんじるほど

武田信玄データ

●生没年
大永元(1521)年
〜元亀4(1573)年

●時代
室町時代後期(戦国時代)

●「すごい」功績
軍略の天才、戦国最強の武将は上杉謙信と5回戦った

すごい!!

天文二三（一五五四）年
北条氏・今川氏・武田氏で三国同盟を結んで謙信を封じ込める

元亀二（一五七一）年
北条氏政、本願寺、浅井・朝倉と協調して信長包囲網をつくる

元亀三（一五七二）年
三方ヶ原で家康・信長軍を破り翌年、野田城を攻略するが途上で病没

武田信玄像（山梨県甲府市）

だったそうです。そのために信虎は、家督を信玄ではなく弟の信繁《のぶしげ》に譲ろうと画策していました。

これを察知した信玄は、武田家の重臣たちを味方につけ、父・信虎を今川に追放し、自らが武田家の当主となります。そして信濃諏訪領へ侵攻を開始し、度重なる戦によって、小笠原氏や村上氏らを退けました。また、天文二三（一五五四）年には、北条・今川・武田の三者の間で、三国同盟を結ぶなど、政治・外交的手腕もふるっています。

生涯のライバルとなった上杉謙信《うえすぎけんしん》との対決は、天文二二（一五五三）年、村上氏が上杉に助けを求めたことをきっかけに起こりました。北信濃へと侵攻してきた上杉軍と、迎え撃つ武田軍は川中島で激突。この戦いは永禄七（一五六四）年まで、五度に及び、長く激しい戦となりました。

ざんねん!

武田信玄

他の男との浮気を必死で言い訳する情けない一面も

武田信玄にとって残念だったことは、やはり甲斐国(山梨県)に海がなかったことでしょう。武田信玄の居館・躑躅《つつじ》ヶ崎《がさき》館(甲府市)から一番出やすいのは新潟の海です。しかし、そこには上杉謙信という戦上手が行く手を阻んでいました。もし謙信が並のレベルの戦国大名だったら、信玄は川中島から北上して、易々と直江津の海に出ただろうと思います。

ところがこの時期、今川義元《いまがわよしもと》が桶狭間の戦いで織田軍に敗北したため、信玄は反対側の太平洋の海を目指して駿河へと軍を進めます。息子の武田義信《よしのぶ》は、妻が

義元の娘だったこともあり、駿河侵攻に反対しますが、逆に信玄によって自害に追い込まれてしまいました。

信玄は父親を今川に追放して下剋上《げこくじょう》することで、家督を継いだ人物です。領国を統治し、家臣団をまとめるためには手段を選ばぬ冷徹さを持っていました。

また、彼の人となりが知れるエピソードに、武田四天王の春日《かすが》虎綱《とらつな》（高坂昌信《こうさかまさのぶ》とも）に宛てたラブレターの一件があります。そこには、弥七郎という別の男性との浮気を疑われた信玄が、虎綱に対して「弥七郎とは清い関係だ、俺はお前ひと筋だ」と身の潔白を訴えた内容が記されています。この書状には「甲役人多く候あひだ」と読める追而書《おってがき》があります。そもそもこうした誓約の起請文にはそれを証立てる牛王宝印《ごおうほういん》を用いるのが常ですが、この証書にはありません。一説には、この「甲役人」という追而書は「申待人」と読み、庚申信仰で賑わう日だったため「人の目につくから、起請文は後日取りに行きます」という言い訳だったとされます。戦国最強と謳われた武将の、なんとも情けない話です。

上《うえ》杉《すぎ》謙《けん》信《しん》

七〇回の戦で勝率九割を超える名将

上杉謙信データ

●生没年
享禄3(1530)年
〜天正6(1578)年

●時代
戦国時代〜安土桃山時代

●「すごい」功績
9割を超える勝率で圧倒的強さを誇った戦国武将

スタート

享禄三（一五三〇）年
越後国守護代の長尾為景の子として生まれる

天文二二（一五五三）年
武田信玄との間で川中島の戦いが始まる

永禄二（一五五九）年
上洛して正親町天皇や将軍・足利義輝に拝謁

上杉謙信《うえすぎけんしん》は、享禄三（一五三〇）年に越後国守護代の長尾為景《ためかげ》の子として生まれました。

謙信は、第一次〜五次にわたって行われた川中島の戦いで甲斐国（山梨県）の武田信玄と激闘を繰り広げたことで知られています。信玄が「甲斐の虎」と呼ばれていたのに対し、謙信は「越後の龍」。信玄と並び、謙信は武将として評価の高い人物です。

例えば、内乱続きであった越後を統一したり、上杉

すごい!!

永禄四（一五六一）年
関東管領職に就任

天正五（一五七七）年
手取川の戦いで
織田信長の軍勢を破る
上杉謙信像
（新潟県上越市）

天正六（一五七八）年
居城である春日山城で急死

憲政から家督と関東管領職を受け継いだことで関東の武将の中での事実上のトップになったり、あるいは領土を攻められた武将が援軍を要請すると、すぐに出陣したりしています。他国のためにでも命をかけられる人柄から、「義の人」とも呼ばれています。それを下支えしたのは、圧倒的な戦術の巧みさです。謙信の戦歴は、生涯七〇戦以上に及び、勝率は九割を超えるともいわれるほど戦上手でした。

困っている人を助けるのは、戦だけではありません。ライバルである信玄が塩不足で苦しんでいたときには、塩を送ってあげたといわれています。

謙信の正義感の強さは、幼少の頃に僧侶として修行していたことと関係があるかもしれません。いずれにせよ、信玄が「私の死後は上杉を頼れ」と遺言するほど、謙信は敵味方に関係なく、信頼された武将でした。

ざんねん!

上杉謙信

戦場でへべれけに！
酔っ払っても連戦連勝
最期は厠で卒倒

謙信は無類の酒好きで知られています。謙信所用の馬上杯《ばじょうはい》というものが残されていますが、これはつまり、馬の上でも酒を飲んでいたということです。ベロベロに酔っ払いながら家臣に指揮し、戦場を駆け巡っていたのでしょう。

戦場でさえ酒を飲んでいたのですから、普段の生活でも推して知るべしです。謙信が宴会をしたとする記録はいくつも残されています。最期は厠《かわや》(トイレ)で倒れて、ほとんど意識が回復しないまま急死してしまいましたが、このときも宴会の最中でした。

謙信の死因は糖尿病と見られています。寒い雪国で浴びるように酒を飲み、つまみには塩分の高いものを好んでいたといいますから、なるべくしてなった病気といえるかもしれません。享年四九でした。

当時は人生五〇年といわれていた時代です。急死とはいえ、謙信の死は決して早

死ではありません。すでに上杉家の行く末を考え、後継者を指名しておかなければならない年齢です。しかし、謙信は二人いた養子のうち、どちらに家督を譲るかを決めないまま亡くなってしまいました。

二人の養子とは、甥の景勝と、同盟を結んでいた相模国の北条氏康の息子である景虎です。謙信の死後、家臣はそれぞれの後継者候補について争い、上杉家の力は大きく削がれてしまいました。一人のカリスマとして謙信は偉大でしたが、家の存続を考えるべき立場としては、ただの呑《の》んべえで、優柔不断な経営者だったと言えるかもしれません。

織《お》田《だ》信《のぶ》長《なが》

尾張の一大名から戦国の覇者へ

スタート

天文三（一五三四）年
尾張（愛知県）で生まれる。父は織田信秀

永禄三（一五六〇）年
桶狭間の戦いで今川義元を破り全国に名が知れ渡る

元亀元（一五七〇）年
徳川家康と連合し、姉川の戦いで浅井・朝倉連合軍を破る

織田信長データ

●**生没年**
天文3（1534）年
〜天正10（1582）年

●**時代**
戦国時代（室町時代後期〜安土桃山時代）

●**「すごい」功績**
戦国の世を治めて天下統一の礎を築く

織《お》田《だ》信《のぶ》長《なが》は、尾張（愛知県）の織田弾正忠家《だんじょうのちゅうけ》の当主・織田信秀《のぶひで》の子に生まれました。子供の頃は奇行が多く、「うつけ者」と陰口を叩かれていました。

信秀が死に、一八歳で家督を継いだ信長は、尾張守護代だった織田本家を滅ぼして、永禄二（一五五九）年、尾張を統一。その翌年には、桶《おけ》狭《はざ》間《ま》の戦いで駿河・遠江（静岡県）の有力な戦国大名だった今川義元を破ります。わずか二五〇〇の兵でその一〇倍とも言われ

すごい！

元亀四・天正元（一五七三）年
将軍足利義昭を追放し、室町幕府を滅亡させる

天正八（一五八〇）年
勅命によって本願寺と和睦し石山合戦が終わる

天正一〇（一五八二）年
明智光秀の謀反により本能寺で死す

織田信長像（岐阜県岐阜市）

る相手方に勝ったこの戦いで、信長の名は全国に知られるようになりました。

さらに姉川の戦いで浅井長政・朝倉義景《よしかげ》連合軍を破るなど、敵対する勢力を排して勢力を拡大していった信長は、将軍足利義昭《よしあき》を追放して、室町幕府を滅亡させます。一〇年もの間激しく争った浄土真宗の本願寺とも和睦し、天下統一を目前にしました。しかし、天正一〇（一五八二）年、信長は、配下の明智光秀の謀反に遭い、「是非に及ばず」というつぶやきを残し、あえなく本能寺で自害することとなりました。

古くからの権威を認めなかった信長は、南蛮文化を受け入れ、商人が自由に商売をすることを認めた「楽《らく》市楽座《いちらくざ》」で経済を活性化させるなど、新時代を呼び込んだ英傑でもありました。

ざんねん！

織田信長

残念なネーミングセンス、短気で残虐

信長は、「バサラ」とか「傾奇者《かぶきもの》」と言われたように、奇抜なファッションを好み、ときには女装さえしました。男女のものに関係なく、綺麗《きれい》なものは綺麗と言える人だったようです。

公式の行事やしきたり、伝統に対しても、おかしいと思ったらそれを口に出し、変革してきました。自分では理にかなったことをしているつもりだったのでしょうが、それが周りの人には理解できませんでした。

信長はネーミングセンスも変で、自分の子供にも、今でいう「キラキラネーム」を独特の感覚でつけてい

われこそは
第六天魔王なり
おやかたさまーっ

ました。武田信玄に宛てた手紙では、自分のことを「第六天魔王」と名乗っています。今の言葉で言うなら、「サタンの末裔」とでも言っているような奇妙なセンスです。

信長は自分に歯向かう者は虐殺し、働きが悪かった家臣は容赦なく罰しました。一方、才能がある人は出自に関係なく仕えさせました。

当時は一般的だった、血の繋がった者や土地の者を優先して扱う現地主義をよしとしなかったのです。しかし、そのおかげで多くの裏切りにも遭い、最期は明智光秀に謀殺されてしまいました。

不良少年がそのまま大人になったような人間だった信長は、誇大妄想が最後まであったらしく、言ってみれば中二病（厨二病）が治らなかったのです。それが社会と摩擦を生み、それでもやっていけるかといったら、結局やっていけなかった。そういう意味では、残念な人だったと言えます。

コラム

本能寺の変

信長を自刃に追い込み天下を握った光秀しかしあっという間に秀吉に滅ぼされる

本能寺の変は、天正一〇（一五八二）年六月二日、明智光秀が京都四条西洞院の本能寺に宿泊中の織田信長を襲撃し、自刃させた事件です。

この頃、中国では信長の家臣、羽柴（豊臣）秀吉が備中（岡山県）で毛利方の清水宗治が守る高松城を水攻めにしていました。しかし毛利輝元ら毛利軍が高松城の救援に向かうと、信長も秀吉の応援のため、毛利攻めに向かいます。本能寺にはその途中で宿泊していました。一方、光秀も信長から中国への出陣を命じられ、丹波亀山城に入ります。そして六月一日夜、一万三〇〇〇人の軍勢を率いて亀山城を出陣。山城と丹波の境にある老の坂というところで謀反の意向を家臣に告げ

現在の本能寺

ると、二日明け方に本能寺を襲撃します。

信長は、近臣の森蘭丸から謀反の首謀者が光秀であるらしいことを知らされると、有名な「是非に及ばず」という言葉を残します。これは、光秀の謀反であれば、脱出は不可能であろうという意味に、一般的には解釈されています。本能寺にいた信長の兵力は、森蘭丸ら近臣を含めて約一〇〇名。光秀の襲撃に対してよく防戦しますが、圧倒的な兵力差の前にほぼ全滅し、信長は炎上する本能寺の中で自刃します。

光秀謀反の知らせを受けた信長の長男・信忠はこのとき妙覚寺におり、本能寺に救援に向かおうとしますが、それを織田家の

秀吉の軍が明智軍に大勝した山崎の戦いの古戦場

家臣・村井貞勝らに制止され、明智の攻撃に備えて二条御所に移りました。そこで明智軍の襲撃を防ぎますが、こちらも敗色が濃厚となり、信忠自身も自害します。

高松城攻めの最中に明智謀反の知らせを受けた秀吉は、毛利軍と和議を結び、光秀を討つため、「中国大返し」と言われる迅速な行動で畿内に引き返します。

秀吉は摂津国富田（大阪府高槻市付近）で軍勢を集結させ、一方の光秀は勝竜寺城（京都府長岡京市）に入り、天王山を占拠しました。

天王山は昔から戦略上重要な拠点としてたびたび争奪戦が行われた場所で、この山を制した方が天下を取るという意味で、「天下分け目の天王山」と言われるようになった場所です。しかし、六月一三日夕方に始まった戦いで、明智軍は秀吉の軍の猛攻に遭い、大敗。光秀は居城の近江坂本城に逃げる途中、土民に襲われて死亡しました。

光秀が信長を討って天下を握った期間は、本能寺の変から一〇日あまり。その短さから、光秀の天下は「三日天下」と呼ばれています。

一方、柴田勝家や滝川一益など、織田家の重臣たちが地方の戦線から引き返せず光秀追討に間に合わない中で、いち早く信長の仇を討った秀吉は、信長亡き後の織田家の旧臣たちの中で、権勢を急激に拡大していくのでした。

また、信長の勧めで京や堺に遊覧に来ていた徳川家康は、本能寺の変の知らせを聞くと、近江から伊賀の険しい山道を抜けて（伊賀越え）伊勢に出て、船で三河に帰国。そこから光秀討伐に京へ引き帰そうとしますが、秀吉に先を越されます。ところがしたたかな家康は、一転して甲斐・信濃を攻略し、信長の死の混乱に乗じてちゃっかり領国を拡大させたのでした。

本能寺の変・人物相関図

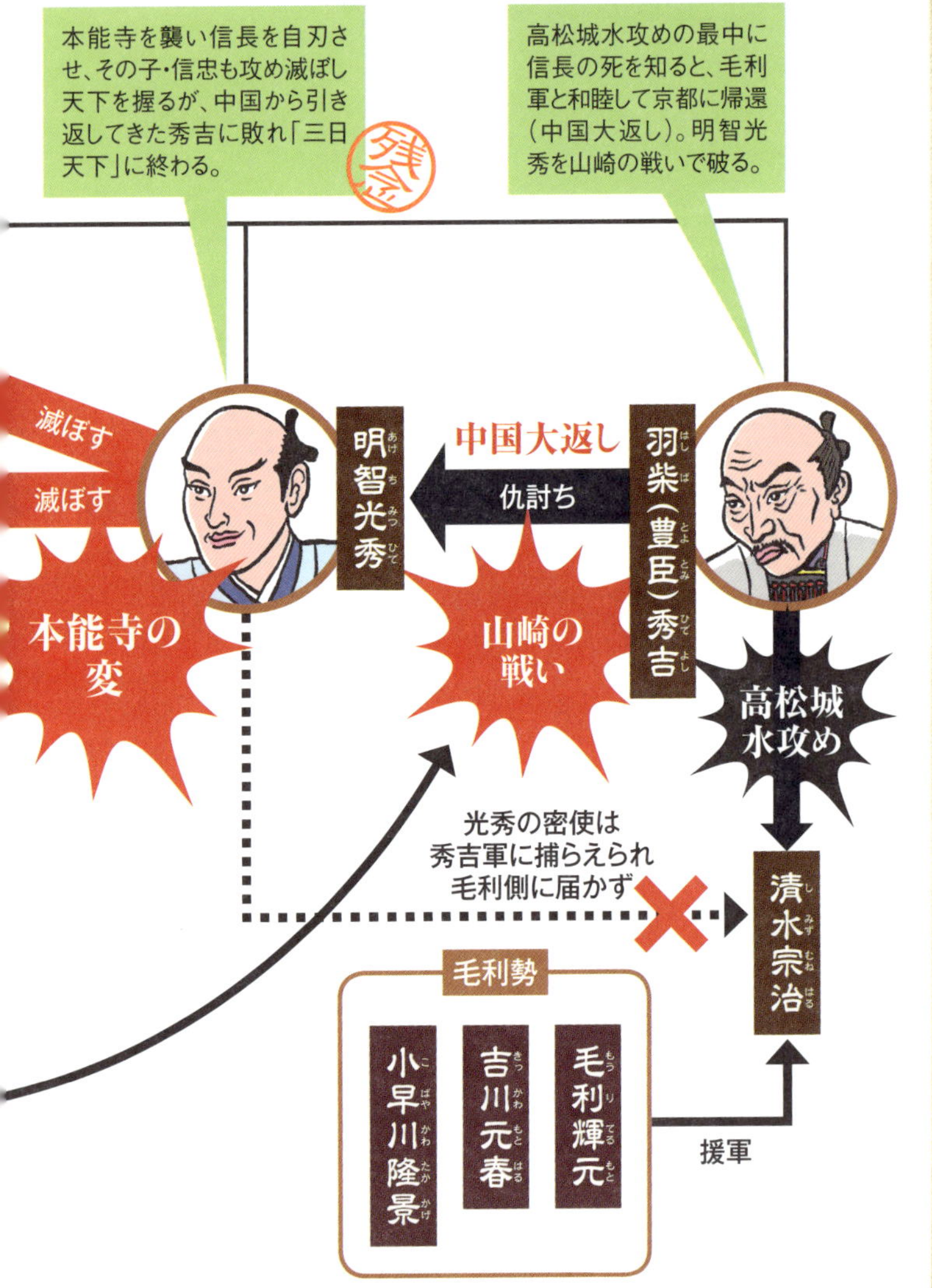
本能寺を襲い信長を自刃させ、その子・信忠も攻め滅ぼし天下を握るが、中国から引き返してきた秀吉に敗れ「三日天下」に終わる。
残念
高松城水攻めの最中に信長の死を知ると、毛利軍と和睦して京都に帰還（中国大返し）。明智光秀を山崎の戦いで破る。
滅ぼす
滅ぼす
本能寺の変
明智《あけち》光秀《みつひで》
中国大返し
仇討ち
山崎の戦い
羽柴《はしば》（豊臣《とよとみ》）秀吉《ひでよし》
高松城水攻め
光秀の密使は秀吉軍に捕らえられ毛利側に届かず
清水《しみず》宗治《むねはる》
毛利勢
小早川《こばやかわ》隆景《たかかげ》
吉川《きっかわ》元春《もとはる》
毛利《もうり》輝元《てるもと》
援軍

京都の本能寺滞在中に明智光秀の軍に襲われ、自害。

織《お》田《だ》信《のぶ》長《なが》

信長の勧めで京都まで来ていたが、本能寺の変に遭遇し、京都を脱出。伊賀の険しい山道を乗り越えて命からがら三河に戻る。その後、どさくさに紛れて近隣諸国を切り取る。

徳《とく》川《がわ》家《いえ》康《やす》

織《お》田《だ》信《のぶ》忠《ただ》

残念

本能寺の変が起きた際、明智軍の検問があると思い込んで京都脱出を諦め、二条御所で光秀軍と戦い自刃。しかし、叔父の織田有楽斎らは京都脱出に成功していたので、信忠にも脱出のチャンスはあったと言われる。

織田家臣団

柴《しば》田《た》勝《かつ》家《いえ》

丹《に》羽《わ》長《なが》秀《ひで》

滝《たき》川《がわ》一《かず》益《ます》

残念

本能寺の変のとき、柴田勝家は北陸、滝川一益は関東におり、光秀討伐に間に合わなかった。丹羽長秀は大坂にいたが手勢が少なく単独で光秀を攻撃できなかったので秀吉の帰還を待った。

すぐに光秀討伐に向かえず、秀吉に先を越される

明《あけ》智《ち》光《みつ》秀《ひで》

信長の天下統一に欠かせなかった名将

スタート

- **生年不明**
  土岐氏支流である明智氏に生まれる
- **弘治二（一五五六）年**
  斎藤義龍に城を攻められ一族が離散。朝倉義景に仕える
- **永禄一一（一五六八）年**
  足利義昭の織田信長上洛依頼に参加

明智光秀データ

●生没年
不明～天正10（1582）年
●時代
室町時代～安土桃山時代
●「すごい」功績
優れた軍略で信長の天下統一に貢献

明《あけ》智《ち》光《みつ》秀《ひで》は清和源氏の流れを汲む土岐氏の支流、明智氏の家に生まれたと言われますが、生年などは明らかになっていません。生地は美濃国（岐阜県）の明智城とされ、青年期には美濃の斎藤道三や越前国（福井県）の朝倉義景に仕えたと伝えられています。

後の将軍、足利義昭が義景を頼ってきたことで、光秀は義昭とのつながりを持ちます。そして光秀は、義昭が上洛を進めても動かない義景よりも、信長を頼る

すごい！

明智光秀像（滋賀県大津市）

天正七（一五七九）年
丹波攻略の功により、信長から丹波一国支配を認められる

天正一〇（一五八二）年
京の本能寺で宿泊中の信長を襲撃し、自刃させる（本能寺の変）

天正一〇（一五八二）年
山崎の戦いで羽柴秀吉の軍に敗れ、敗走中に土民に殺される

よう勧め、義昭と信長の仲介役となります。その結果、信長は義昭を奉じて上洛し、義昭は室町幕府第一五代将軍となりました。その後、義昭に属しながら信長に仕えた光秀は、信長の天下攻略に大きく貢献します。長篠の戦い、石山本願寺との天王寺の戦いなどに参戦、丹波攻略戦では先鋒となり、丹波平定後にはその一国支配を命じられました。

こうして織田家家臣団の中でも目覚ましい活躍を遂げた光秀ですが、天正一〇（一五八二）年、有名な本能寺の変で、主君の信長を襲い、自刃に追い込みます。しかし、信長を滅ぼして天下を握った光秀も、その一一日後に羽柴（豊臣）秀吉との対戦に敗れ、敗走中に殺されます。光秀が信長に対して謀反を起こした動機は何だったのか、さまざまな論証が展開されていますが、未だに真相は明らかにされていません。

ざんねん！

明智光秀

ワンマン社長・信長の下で必死に働き、過労死寸前でつい謀反しちゃった

明智光秀は織田家の重臣として数々の戦歴を挙げ、丹波国平定後はその一国を領地として与えられるほどの信頼を信長から得ていました。その光秀がなぜ謀反を起こして信長を自刃にまで追いやったのか。その動機については「怨恨説」「黒幕説」あるいは「非道阻止説」など、さまざまな説が挙がっています。

私はそれに対して「てへぺろ説」を唱えています。現代になぞらえていえば、信長というワンマン社長が支配するブラック企業に途中入社してしまった光秀が、休みも返上して働かされ、疲れ切った挙句、「もういい加減にしてくれ！」と、衝動的に信長を殺してしまう。そして「オレ頭にきちゃってさ、つい社長をぶっ殺しちゃったよ。てへぺろ」というわけです。

「てへぺろ」などと言うと不真面目だと思われるかもしれませんので、真面目に検

証すると、おそらく光秀は自分の将来に不安を持っていたのでしょう。理知的な光秀は、信長の天下統一がそう遠くない話だと考えたと思います。さらに光秀は、中国では王朝ができたとき、それまで武功を挙げてきた重臣たちが皆殺しにされてきた歴史を思い浮かべます。天下が統一されれば、力を持ちすぎた自分も同じような目に遭いかねない。家臣やその家族もみな災難に遭うことになります。そこで光秀は、信長が天下を統一する前に決起した、ということです。

言ってみれば、いずれは信長に排除されるか、殺されるであろう光秀には、他に選択肢がなかった。そういう意味では、残念というより気の毒な最期だったと思います。

豊《とよ》臣《とみ》秀《ひで》吉《よし》

農民の出身でありながら天下人となる

豊臣秀吉データ

●生没年
天文6(1537)年
〜慶長3(1598)年

●時代
戦国時代(室町時代後期〜安土桃山時代)

●「すごい」功績
下層民からのし上がり天下統一を達成

スタート

天文六（一五三七）年
尾張（愛知県）の下層階級の家に生まれる

天正一〇（一五八二）年
山崎の合戦で明智光秀を討ち取る

天正一三（一五八五）年
天皇に代わって政務を行う関白に就任

尾張（愛知県）中村郷出身の豊臣秀吉《とよとみひでよし》は、戦国時代に活躍した武将です。その出自については下層武士、農民の子などさまざまな説があります。貧しい生活に苦しんでいた秀吉は、出世することに貪欲でした。一八歳の頃、織田信長への仕官が叶うと、必死で努力して数々の戦いで武功を挙げていきます。

天正一〇（一五八二）年、信長が明智光秀の謀反によって京都の本能寺で自害したとき、秀吉は中国地方

すごい！

豊臣秀吉像（大阪市）

天正一八（一五九〇）年
小田原征伐で北条氏を破り天下統一を達成

文禄元（一五九二）年
中国支配を夢見て朝鮮に最初の出兵（文禄の役）

慶長三（一五九八）年
徳川家康らに息子・秀頼の後見を託し、伏見城で病没

で毛利勢と戦っていましたが、「信長死す」の報を受けて急遽、京に引き返しました。「中国大返し」と呼ばれたこの素早い帰還を経て光秀を討った秀吉は、信長の三歳の孫・三法師《さんぼうし》を立てて織田家の実権を握りました。

信長の筆頭家臣だった柴田勝家《しばたかついえ》を賤ヶ岳《しずがたけ》の戦いで破った秀吉は、小牧《こまき》・長久手《ながくて》の戦いで戦った徳川家康とも和睦し、天下人としての土台を着々と築いていきます。朝廷の最高位である関白にも就任。そして、天正一八（一五九〇）年、関東の北条氏を破り、信長がなしえなかった天下統一を達成したのです。

側室の淀君《よどぎみ》との間に秀頼も生まれ、調子に乗った秀吉は、中国の征討を夢見て朝鮮に出兵しました。しかし、その中途で病に倒れ、家康ら五大老に秀頼の後見を頼み、六二歳で亡くなりました。

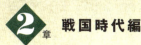

ざんねん!

豊臣秀吉

天下の「人たらし」は、親バカのために豊臣家を滅ぼす原因を作った!?

秀吉は貧しい家に生まれたためか、出自にコンプレックスを持っていました。そのため、出世するためにあらゆる手を使って人をたらしこもうとする人物だったようです。ある寒い日に信長の草履《ぞうり》を自分の懐で温めて差し出したという有名なエピソードも、秀吉のそんな人となりを物語っているのではないでしょうか。

ようやく授かった跡取りの秀頼への溺愛ぶりもよく知られています。秀吉は自分の子供を持つことを諦めて、一時は甥の秀次を後継にしようと関白の地位につけました。しかし、秀頼が生まれると、邪魔になった秀次に切腹を命じ、その家族も皆殺しにしてしまいました。

秀頼は秀吉の本当の子供ではなかったという説も有力で、秀吉自身も内心ではそう疑っていたと思われます。秀頼の前にも淀君は子供を産んでいます(幼少で死亡)。

しかし、このとき、何者かが邸宅の聚楽第《じゅらくだい》に「あれは秀吉の子ではないのではないか」と落書きしました。激怒した秀吉は、そこを警備していた担当者らとその家族を処刑しました。

秀吉は天下統一を進める一方で、次第に残虐性や妄想癖を深めていきます。晩年に始めた朝鮮出兵も、誰が見ても無謀なのは明らかで、秀吉の死後すぐ、家康の指示で兵は撤収しています。

明るい人たらしを演じた一方で、専制君主としての振る舞いが次第に人心を遠ざけた秀吉。天下統一は果たせても、実は可哀想な人だったのではないでしょうか。

石《いし》田《だ》三《みつ》成《なり》

秀吉の天下統一に貢献し 最期まで豊臣繁栄に尽くした

スタート

永禄三（一五六〇）年
近江の戦国武将・石田正継の次男として生まれる

天正二（一五七四）年～天正五（一五七七）年頃
当時長浜城主だった羽柴秀吉に仕える

石田三成データ

●生没年
永禄3（1560）年～慶長5（1600）年

●時代
安土桃山時代

●「すごい」功績
豊臣政権の中枢で外交や兵站に手腕を発揮

石田《いしだ》三成《みつなり》は一〇代で豊臣秀吉に仕え、秀吉の奉行として行政面、軍需品の輸送や外交政策面などで手腕を発揮しました。秀吉が行った「太閤検地《たいこうけんち》」でも活躍し、「鬼島津《しまづ》」と呼ばれた島津義弘《よしひろ》も、三成のことを「太閤公（秀吉）の股肱《ここう》の臣として、その勢威、比肩の人なし」と評して、三成の実力を評価しています。

文禄の役（朝鮮出兵）では朝鮮に渡り、朝鮮出兵の総奉行を務め、明との講和交渉にも当たりました。し

すごい！

天正一四（一五八六）年
堺政所に任ぜられる。秀吉の九州遠征に補給・兵站の面で貢献

天正一八年（一五九〇）年
小田原征伐に参陣し、館林城、忍城攻撃を命じられる

文禄元（一五九二）年～
文禄の役（朝鮮出兵）に参戦。朝鮮出兵の総奉行を務める

慶長五（一六〇〇）年
関ヶ原の戦いで敗れて捕らえられ、京で処刑される

石田三成像（滋賀県長浜市）

かし、戦の形勢が不利になっていく中で、福島正則、黒田長政ら武断派は、本国の秀吉との連絡役を担う三成に不満を募らせていきます。続く慶長の役では、国内で後方支援に徹しますが、戦場にいる武断派の武将たちからは、三成や、三成の縁戚である軍監の福原長堯《ながたか》らが秀吉に讒言《ざんげん》※して自分たちを不利な状況に陥れているとして、その亀裂はますます深まっていきました。こうしたことから、秀吉死後の豊臣政権内部では、三成は秀吉恩顧の大名から「総スカン」を食らいます。代わりに権勢を強大化していったのは、五大老筆頭の徳川家康でした。

三成は家康が豊臣政権を脅かす存在になるとして、家康討伐のために挙兵、関ヶ原で天下分け目の決戦を挑みますが、小早川秀秋の寝返りなどもあって大敗。敗走中に捕らえられ、京都で処刑されてしまいました。

※その人を陥れるため、ありもしないことを目上の人に言いつけること

ざんねん！

石田三成

秀吉に対するように気配りができれば清正や正則とも仲良くなれたかも

有名な「三杯の茶」というエピソードがあります。長浜城主時代の羽柴秀吉が鷹狩りの帰りに、渇いた喉を潤すため立ち寄った寺院で、寺の小姓に茶を所望した際のことです。寺小姓は最初、大きめの茶碗にぬるめの茶を、次に一杯目より少し小さい茶碗にやや熱めの茶を、最後はさらに小さい茶碗に熱い茶を出しました。

これは、ぬるめの茶でまず喉を潤し、徐々に熱くしていくことで、秀吉に茶の味を堪能してもらおうという寺小姓の細やかな心配りでした。その寺小姓こそが石田三成であり、秀吉はそれだけの配慮ができる人物なら仕事もできるだろうと考え、三成を家臣に召し抱えるのです。秀吉は、家臣に対して高い事務処理能力を求める人でした。武勇だけでなく事務処理もできなければ、領国経営はできないと考えていたからです。実際、三成は秀吉の家臣になってから、行政面や、検地などの経済

政策面、戦の際の兵站《へいたん》の面などで優れた手腕を発揮します。

ただ、私は「三杯の茶」の話が、そもそも作り話だったのではないかと思っています。なぜなら、それほど細やかな心配りのできる人だったら、秀吉が亡くなった後の豊臣政権で、加藤清正、福島正則といった有力大名から総スカンを食らうことはなかったはずだからです。例えば三成が、慶長の役（第二次朝鮮征伐）から帰ってきた清正たちに、それこそ三杯のお茶を差し出して「お疲れ様」とひとこと労《ねぎら》うだけで、その後の天下の情勢は大きく変わってきたかもしれません。ビジネスライクで心の通わない仕事をしてきた三成の、残念な結果と言えるでしょう。

徳《とく》川《がわ》家《いえ》康《やす》

戦乱の世を終わらせ江戸幕府を開く

徳川家康データ

●生没年
天文11（1542）年
〜元和2（1616）年
●時代
室町時代後期〜江戸時代
●「すごい」功績
不遇時代を経て天下人になり、泰平の世を実現

スタート

天文一一（一五四二）年
三河（愛知県）の松平家に生まれる

永禄五（一五六二）年
清洲城で織田信長と会い同盟を結ぶ

慶長五（一六〇〇）年
関ヶ原の合戦で東軍を率い石田三成の西軍を破る

徳《とく》川《がわ》家《いえ》康《やす》が生まれた松平家は、当時は三河（愛知県）の一土豪にすぎず、幼少時の家康は織田家や今川家の人質としてたらい回しされました。今川義元が織田信長との桶狭間の戦いで敗れて今川家が弱体化すると、家康は三河に戻り、次第に力をつけていきます。

豊臣秀吉が死ぬと、家康は公然と勢力拡大を進め、石田三成ら豊臣家臣団との対立を深めていきました。家康は豊臣家の家臣でも三成に不満を持つ福島正則ら

徳川家康像（静岡県静岡市）

慶長八（一六〇三）年
征夷大将軍となり、江戸に幕府を開く

慶長二〇（一六一五）年
大坂夏の陣で大坂城を落とし豊臣氏を滅ぼす

元和二（一六一六）年
内臓疾患により駿府城で死亡。日光東照宮に祀られる

に接近し、自分の味方につけていきます。三成は慶長五（一六〇〇）年、秀吉の遺児・秀頼を立てて挙兵しましたが、多数派工作に成功していた家康は関ヶ原の合戦で豊臣方に勝利しました。

その三年後、家康は征夷大将軍に任ぜられ、江戸に幕府を開いて事実上の天下取りを成し遂げます。しかし、豊臣家に恩義を感じている武将は未だ多く、世の安定のためには豊臣打倒が必要でした。家康は慶長一〇（一六〇五）年、将軍職を息子の秀忠に譲って幕府を徳川家の世襲とすることを示した後、駿《すん》府《ぷ》城で隠居しますが、権力を維持しながら豊臣攻略の策を巡らせました。そして、慶長一九（一六一四）年の大坂冬の陣、翌年の夏の陣で大坂城を攻めて秀頼を自害に追い込みます。戦国時代の終焉を見届けた家康は、元和二（一六一六）年、七五歳の長寿を全うしました。

ざんねん!

徳川家康

武田信玄に恐れをなし、大便を漏らすが、味噌だと言い張る

豊臣秀吉が死ぬのを待って天下取りに動き出した徳川家康は、機が熟すまでじっくり待つというイメージがありますが、若い頃は短気だったようです。

織田信長と同盟関係を結んでいた家康は、元亀三（一五七二）年、信長と対立していた甲斐（山梨県）の武将、武田信玄と三《み》方《かた》ヶ《が》原《はら》で戦うことになりました。

当初、家康は浜松城に立てこもる作戦を立てていました。しかし、信玄の軍が浜松城の前を悠然と通るのを見てカッとなり、「これを見過ごすわけにはいかない」と、思わず打って出ていってしまったのです。こ

のときの軍勢は、戦国最強と言われた武田軍が三万人、徳川軍が援軍を含めて一万二〇〇〇人ほどだったと言われ、数も少ないうえに勇猛な武田騎馬隊に圧倒され、負け戦を強いられました。

危なく戦死するところをなんとか部下に助けられ、命からがら浜松城に戻った家康。しかしその途中で、あまりの恐怖に、大便を漏らしたまま逃げてきたのでした。

家臣にもそれをさとられた家康は、威厳を保とうと「これはクソではない、非常食として持っていた味噌だ」と言い張ったそうですが、果たして信じてもらえたのかどうか……。

ただ、敗戦を喫したときの情けない姿を絵に描かせ、屈辱を忘れないようにしたというのはさすがです。

江戸幕府は約二六〇年続きましたが、安定した世の中の礎を築いた家康にも、こんな恥ずかしいエピソードがあったと聞くと、少し親近感が持てますね。

真《さな》田《だ》幸《ゆき》村《むら》

戦国の世を駆け抜けた アンチ徳川のヒーロー

スタート

永禄一〇（一五六七）年
真田昌幸の次男として信濃（長野県）に生まれる

天正一三（一五八五）年
上杉景勝の人質として越後（新潟県）に送られる

天正一四（一五八六）年
豊臣秀吉の人質として大坂に送られる

真田《さなだ》幸村《ゆきむら》は、甲斐（山梨県）の武田家に仕えていた真田昌幸《まさゆき》の息子で、信濃（長野県）で生まれました。実際の名前は「信繁《のぶしげ》」で、「幸村」は一七世紀に書かれた軍記物『難波戦記《なんばせんき》』に誤記され、その後広まったものとも言われています。武田家が滅びると、昌幸は織田、北条、徳川、上杉など戦国武将の間を渡り歩きます。幼少時の幸村も、何度も人質に出され、豊臣秀吉の人質となった際に秀吉の臣下の娘と結婚しています。

真田幸村データ

●**生没年**
永禄10（1567）年～慶長20（1615）年

●**時代**
戦国時代～江戸時代

●**「すごい」功績**
大坂の陣で豊臣方として戦い、家康を追い詰めた

すごい!

慶長五（一六〇〇）年
関ヶ原の合戦で東軍につき上田城で徳川秀忠軍勢を撃退

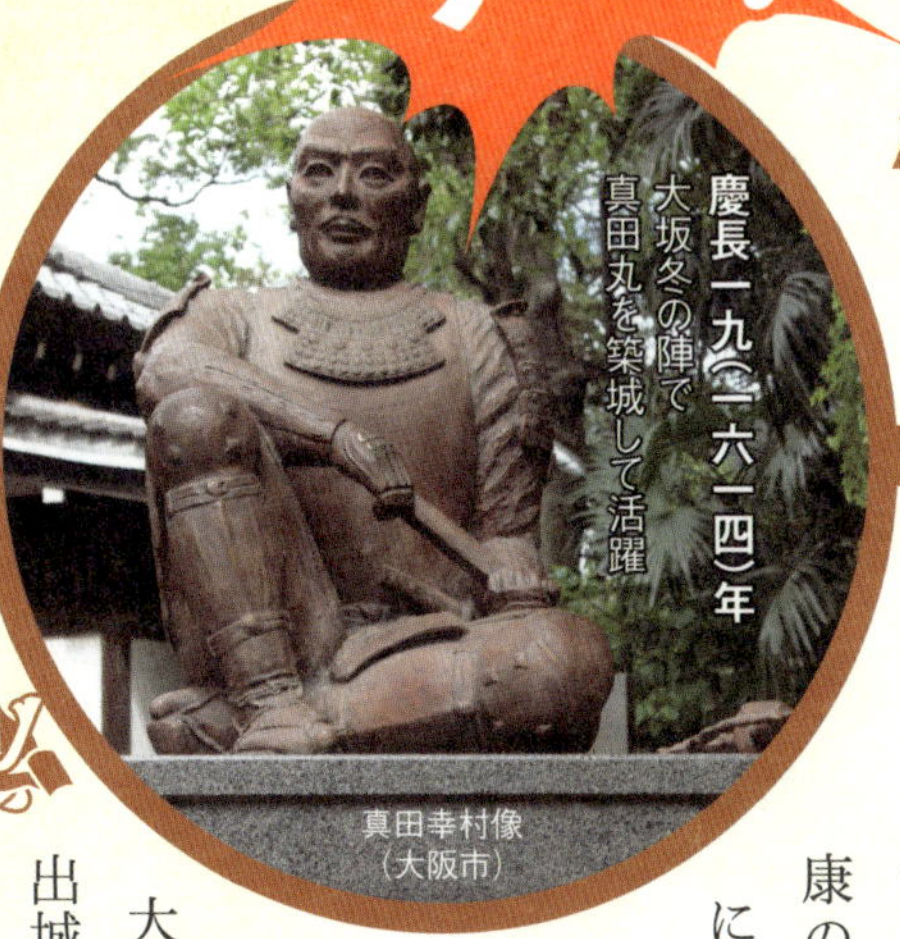

慶長一九（一六一四）年
大坂冬の陣で真田丸を築城して活躍

真田幸村像（大阪市）

慶長二〇（一六一五）年
大坂夏の陣で家康の首に肉薄するも、戦死

秀吉の死後、天下取りに動き出した徳川家康は慶長五（一六〇〇）年、関ヶ原の合戦に臨みます。このとき、昌幸と幸村は豊臣方（西軍）につきましたが、家康の臣下の娘と結婚していた兄の信幸は家康の東軍に参戦しました。昌幸と幸村は居城の上田城にこもり、中山道《なかせんどう》を通って関ヶ原に向かう家康の息子・秀忠を撃退しましたが、合戦は東軍が勝利。信幸の助命願いで二人は刑死を免れましたが、高野山の麓《ふもと》で蟄居《ちっきょ》させられることになりました。

家康は慶長一九（一六一四）年の大坂冬の陣で大坂城を攻めましたが、大坂城に駆けつけた幸村が出城「真田丸」を築いて防戦し、両軍は一旦講和します。しかし、その翌年の大坂夏の陣で大坂城は落城。幸村は家康の本陣に切り込むなど、あと一歩まで追い詰めましたが、最期は討ち死にしました。

ざんねん！

真田幸村

最後の最後にようやく光を浴びた「セミ人間」としての人生

真田幸村は、江戸時代に書かれた『難波戦記』では徳川家康を最後まで追い詰めた稀代のヒーローとして描かれています。これは、日本は元々西の地域の方が文化度が高く、東日本は遅れているというイメージがあったので、当時の大坂にも、江戸の徳川幕府に対する反発があったからだと思われます。

幸村がその名を知られたのは、関ヶ原に向かう徳川秀忠の軍を父の昌幸とともに上田城で撃退したときが初めてで、当時三四歳でした。武将としてのデビューは遅めだったのです。

合戦後は、親子で蟄居を強いられましたが、その生活は非常に苦しく、徳川方にいる兄の信幸に対し、酒や金を融通してくれとしばしば頼んでいました。昌幸が亡くなると、幸村自身も年を取ったことを信幸への手紙で嘆いていたそうです。ヒー

ローとはほど遠い残念な老武将の姿が目に浮かびます。

ずっと父の陰にいた幸村が武将として最後の意地を見せようとしたのが、大坂の陣だったのでしょう。家康は戦略家だった昌幸のことは恐れていても幸村のことは軽く見ていたようで、真田が大坂城に入ったと聞いたときは、「真田の父か息子か」と尋ね、息子と聞いて「それなら大丈夫だ」と安心したといわれます。

しかし、このときの幸村の戦いぶりには恐れ入ったようです。幸村は、いわば長い間、土の中で暮らし、最後に外に出てきて精一杯に鳴き、一瞬で死んでいくセミのような人生を送ったと言えるのかもしれません。

宮本武蔵《みやもとむさし》

二刀流で知られた六十余戦無敗の剣豪

宮本武蔵データ

●生没年
天正12(1584)年
〜正保2(1645)年

●時代
桃山時代〜江戸時代

●「すごい」功績
巌流島で佐々木小次郎と戦い、兵法書『五輪書』を著す

スタート

天正一二(一五八四)年
新免家の兵法家の息子として
美作(岡山県)に生まれる

慶長五(一六〇〇)年
豊臣方として
関ヶ原の合戦に参戦

慶長九(一六〇四)年
京都で吉岡清十郎ら
吉岡一門との決闘に勝利

宮本武蔵《みやもとむさし》は、美作《みまさか》(岡山県)の新免《しんめん》家に仕えていた兵法家・平田(新免)無二斎《むにさい》の息子として生まれた剣豪です。一三歳で初めての決闘を戦い、以降六〇回以上決闘を行って一度も負けなかったと言われています。

武蔵は慶長五(一六〇〇)年に豊臣方について関ヶ原の合戦に参加する一方で、全国を武者修行して歩き、二刀流を完成させます。足利将軍家の師範だった吉岡道場の吉岡清十郎らを倒し、その名を京都でも知られ

すごい!

宮本武蔵像（福岡県北九州市）

慶長一七（一六一二）年
巌流島で佐々木小次郎と決闘を行い、勝利

寛永一七（一六四〇）年
藩主細川忠利に招かれ客分として肥後（熊本県）に居住

正保二（一六四五）年
『五輪書』を書き上げ居宅だった千葉城で亡くなる

るようになった武蔵は、さらに強い相手と立ち合うことを望みながら、各地で戦い続けました。

そして、武蔵は越前（福井県）出身の剣客で、自らの剣術の流派「巌流」を創始した佐々木小次郎の高名を知りました。豊前（福岡県）の小倉で兵法指南をしていた小次郎と戦うべく、慶長一七（一六一二）年、武蔵は京都から豊前にやってきます。二人は豊前と長門（山口県）の境にある船島で相まみえ、武蔵は一瞬の勝負で小次郎を倒しました。船島はこの後、巌流島《がんりゅうじま》と呼ばれるようになりました。

大名への仕官が最後まで叶わなかった武蔵は、武芸を好んでいた藩主の細川忠利に請われて、肥後（熊本県）に落ち着きました。晩年は肥後藩士に剣術を指導する一方で書画や工芸を多くなし、兵法書の『五輪書』を著して六二歳で病没しました。

ざんねん!

宮本武蔵

巌流島の戦いでは六〇代の佐々木小次郎を集団リンチした?

宮本武蔵について書かれた史料としては、一八世紀に書かれた伝記『二天記《にてんき》』が残っています。戯作本などにも取り上げられ、昔からよく知られていました。しかし、現代の武蔵人気を決定づけたのは、作家の吉川英治《よしかわえいじ》が昭和一〇(一九三五)年から新聞で連載した小説『宮本武蔵』によるところが大きいと言えます。

ただし、吉川は小説の内容は全部フィクションだと白状しています。例えば、佐々木小次郎との巌流島の戦いの様子は、『二天記』でも吉川の小説でも詳しく描かれていますが、このとき小次郎は一八歳だったとされています。藩の兵法指南役だった小次郎がそのような若者だったとは、とても考えられないことです。実際は六〇代だったという説もあります。

また、小説では二人は一対一で戦い、武蔵は小次郎をその場で絶命させたと書か

れています。しかし、実際にはその決闘に武蔵の門弟も立ち会っており、さらに武蔵が引き上げた後、小次郎は生き返り、門弟たちがその息の根を止めたという話もあるのです。

六〇回以上決闘して負けなかったというのも非常に怪しいところです。剣豪として名がありながら大名に仕官できなかったのも、その経歴が信用されなかったからなのかもしれません。泰平の世を迎えて、武蔵のような武芸者は、もはや受け入れられなかったのかもしれません。生まれた時代がもう少し早ければ……という残念な気持ちは、武蔵自身がいちばん強く持っていたでしょう。

コラム

関ヶ原の戦い

天下分け目の戦いに漁夫の利を得た大名も

関ヶ原の戦いは、慶長五（一六〇〇）年九月、徳川家康の率いる東軍と、石田三成を中心とする西軍の間で、美濃国関ヶ原（岐阜県不破郡関ヶ原町）で行われた戦いです。「天下分け目」の戦いとも言われています。

豊臣秀吉の死後、豊臣政権は五大老・五奉行による政治が行われましたが、次第に五大老筆頭の家康が権力を握り、その専横ぶりが目に余るようになってきました。一方、かねてより家康に反発していた秀吉の忠臣・石田三成は、家康を打倒する計画を密かに練っていました。そして家康が、会津の上杉景勝に謀反の疑いありという口実で景勝討伐の軍を起こした機会に、毛利輝元、宇喜多秀家ら諸

石田三成本陣跡

大名を集めて、家康側の居城、伏見城を攻めます。
家康はそのとき、下野《しもつけ》国小山（栃木県小山市）まで来ていましたが、そこで三成に反感を抱いていた豊臣恩顧の大名、福島正則、浅野幸長《よしなが》ら豊臣恩顧の大名を含む諸将を糾合し、京に引き返します。江戸からは、家康の次男・秀忠率いる一軍を出発させ、主力軍は東海道を西上させました。
東軍と西軍は、関ヶ原で激突しました。両軍の数は拮抗していましたが、西軍の中には家康に内通していた大名も多くいたため、実際の数の上では不利な状況だったようです。それでも西軍は善戦します。一方、東軍は中山道を西上する秀忠軍が信州上田（長野県上田市）で真田昌幸・信繁親子に進軍を阻まれ、天下分け目の合戦に間に合わないという大失態を演じます。

西軍有利に見える状況の中で、家康は東軍への寝返りを約束しながら態度を明らかにせず、戦の形勢を観望していた小早川秀秋に寝返りを催促します。そのために、松尾山に布陣していた小早川陣営に向けて、一斉に鉄砲を撃ちかけたとも言われています。

小早川の寝返りで形勢は逆転し、その日の夕方には東軍の勝利が決定しました。戦場から逃れた三成も捕らえられ、後日、小西行長や安国寺恵瓊《えけい》ら西軍の諸将とともに京都で処刑されます。西軍の大将として大坂城にいた毛利輝元は、秀吉の後継者である秀頼を擁していながら、家康の誘いに応じてあっさり大坂城を出てしまい、その結果、領国を大きく減らされてしまいました。

その後は家康の意図に基づいて大名配置が行われ、豊臣秀頼も近畿の数国を領有するだけの一大名に成り下がり、徳川家の権力は圧倒的なものになりました。

ちなみに、この関ケ原の合戦の際、東北では伊達政宗が、九州では黒田官兵衛が、

毛利輝元は大坂城を出て家康に投降

それぞれ混乱に乗じて領国の拡大を図っていました。ところが伊達政宗は、128ページで紹介するように、もともと戦上手ではなかったのか、福島城包囲戦などに失敗し、はかばかしい成果を挙げることはできませんでした。

一方の黒田官兵衛は、主力軍を息子の長政に預けて関ヶ原に向かわせているにもかかわらず、領民を徴兵して数千人のにわか軍を作り、西軍に加担した周辺大名の領国を次々と切り取っていきました。

その尋常でない暴れぶりは、官兵衛が梅毒で脳をやられていたという異説と無関係ではないかもしれません。

関ヶ原の戦い・人物相関図

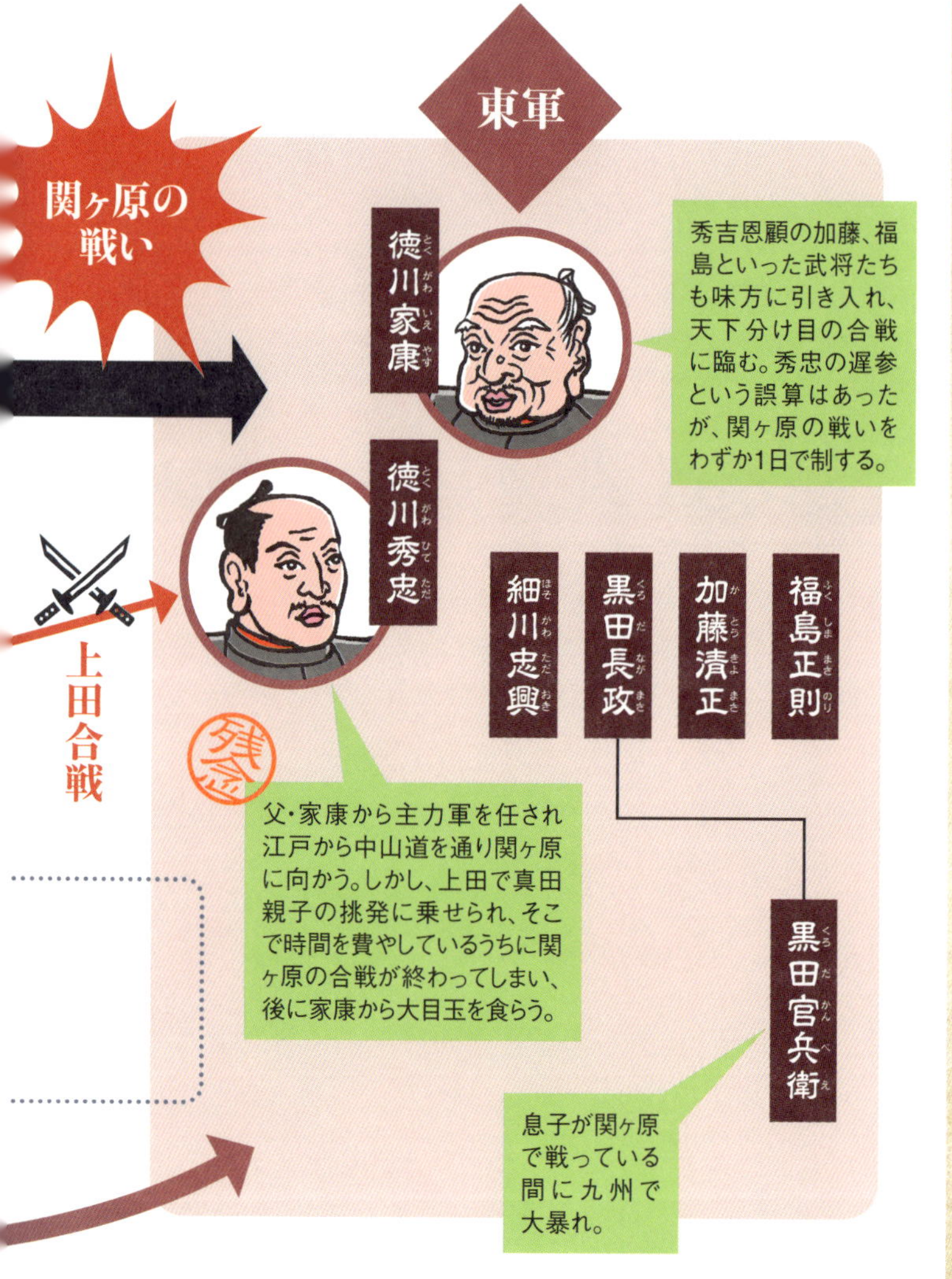

東軍
関ヶ原の戦い
徳《とく》川《がわ》家《いえ》康《やす》
秀吉恩顧の加藤、福島といった武将たちも味方に引き入れ、天下分け目の合戦に臨む。秀忠の遅参という誤算はあったが、関ヶ原の戦いをわずか1日で制する。
徳《とく》川《がわ》秀《ひで》忠《ただ》
上田合戦
残念
父・家康から主力軍を任され江戸から中山道を通り関ヶ原に向かう。しかし、上田で真田親子の挑発に乗せられ、そこで時間を費やしているうちに関ヶ原の合戦が終わってしまい、後に家康から大目玉を食らう。
福《ふく》島《しま》正《まさ》則《のり》
加《か》藤《とう》清《きよ》正《まさ》
黒《くろ》田《だ》長《なが》政《まさ》
細《ほそ》川《かわ》忠《ただ》興《おき》
黒《くろ》田《だ》官《かん》兵《べ》衛《え》
息子が関ヶ原で戦っている間に九州で大暴れ。

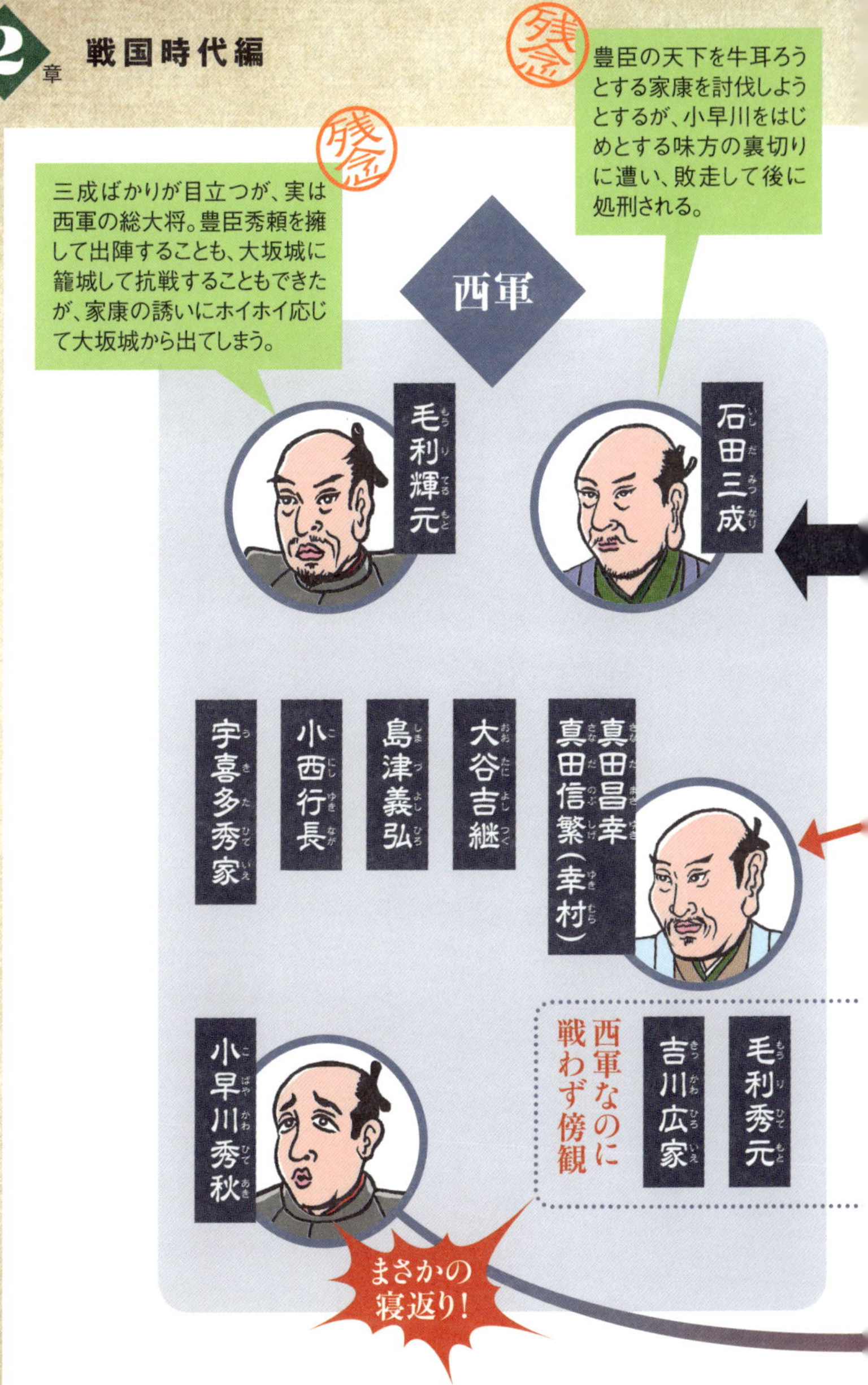
残念
三成ばかりが目立つが、実は西軍の総大将。豊臣秀頼を擁して出陣することも、大坂城に籠城して抗戦することもできたが、家康の誘いにホイホイ応じて大坂城から出てしまう。
残念
豊臣の天下を牛耳ろうとする家康を討伐しようとするが、小早川をはじめとする味方の裏切りに遭い、敗走して後に処刑される。
西軍
毛利《もうり》輝元《てるもと》
石田《いしだ》三成《みつなり》
真田《さなだ》昌幸《まさゆき》
真田《さなだ》信繁《のぶしげ》（幸村《ゆきむら》）
大谷《おおたに》吉継《よしつぐ》
島津《しまづ》義弘《よしひろ》
小西《こにし》行長《ゆきなが》
宇喜多《うきた》秀家《ひでいえ》
毛利《もうり》秀元《ひでもと》
吉川《きつかわ》広家《ひろいえ》
西軍なのに戦わず傍観
小早川《こばやかわ》秀秋《ひであき》
まさかの寝返り！

細《ほそ》川《かわ》忠《ただ》興《おき》

数々の戦功を立て文化人としての素養もあった

細川忠興データ

●**生没年**
永禄6(1563)年
～正保2(1646)年

●**時代**
戦国時代～江戸時代前期

●**「すごい」功績**
肥後細川家の基礎を築く。茶の湯の名人

スタート

永禄六(一五六三)年
山城国で生まれる。父は細川藤孝(幽斎)

天正五(一五七七)年
織田信忠による信貴山城(奈良県平群町)攻めで初陣

天正一〇(一五八二)年
本能寺の変後、明智光秀から誘いを受けるも、父とともに拒絶

細川忠興《ほそかわただおき》は、永禄六（一五六三）年に、山城国勝《しょう》竜《りゅう》寺《じ》城《じょう》（京都府長岡京市）の城主で室町幕府一三代将軍・足利義輝《よしてる》に仕えていた細川藤孝《ふじたか》（幽斎《ゆうさい》）の長男として生まれました。忠興が一五歳となった天正五（一五七七）年、織田信長の子である信忠が松永久秀の居城である信貴山城《しぎさんじょう》を攻めたとき、忠興は父とともに従軍し、初陣を飾りました。

天正一〇（一五八二）年、京都の本能寺に滞在して

すごい!

勝竜寺城(京都府長岡京市)

慶長四(一五九九)年
豊臣秀吉の死後、加藤清正らと石田三成を襲撃

慶長五(一六〇〇)年
関ヶ原の戦いに徳川家康方として参戦

元和六(一六二〇)年
三男の忠利に家督を譲る

いた信長を襲撃した明智光秀は、藤孝・忠興父子に味方になるよう誘います。しかし、藤孝は誘いを断り、光秀の娘である玉《たま》を妻にしていた忠興も、これに同調しました。この年に、忠興は藤孝から家督を譲られています。その後、忠興は、信長の天下統一事業を引き継いだ羽柴(豊臣)秀吉の配下となり、秀吉の天下取りを支えました。小牧《こまき》・長久手《ながくて》の戦いや九州征伐、小田原攻め、朝鮮出兵などに従軍し、戦功を立てています。

秀吉亡き後に勃発した関ヶ原の戦いでは徳川家康率いる東軍として参戦。多くの敵兵を討ち取りました。一方で、忠興は父の藤孝と同じように教養人でもありました。茶の湯に通じ、千利休に師事したのです。忠興は利休の高弟である「利休七哲」の一人に数えられるほどの茶人にもなりました。

ざんねん!

細川忠興

妻に色目を使う奴は許さない 天下一の短気と言われた残念な戦国武将

本能寺の変の際、細川藤孝・忠興父子は光秀の誘いに乗らず、秀吉に味方しました。このことが秀吉にとって大きく有利に働きました。

後に秀吉は天下人となるわけですから、さぞかし細川家は優遇されただろうと思われるかもしれませんが、実は意外と冷遇されています。自分が天皇家に近づくため、藤孝を利用するだけ利用しておいて、秀吉は細川家に対して加増を行いませんでした。あまりに不憫《ふびん》に思った徳川家康が、関ヶ原の戦いの直前に、六万石の加増を申し出たほどです。

本能寺の変で挙兵した光秀は、忠興の妻である玉の父です。玉は、父に味方してくれなかった夫や義父に複雑な思いがあったに違いありません。何しろ、光秀の誘いを蹴った上に、玉を丹後国（京都府）の味土野《みどの》というところに幽閉してしまったのですから。味土野という土地は、道もほとんどないようなところで、今でも寂しい印象の片田舎です。

ところが忠興は、そんな場所にもかかわらず、せっせと玉に会いに行くのです。よほど玉を愛していたのでしょう。

こんなエピソードがあります。ある時、玉が食事をしていると「おいしい」と一言言っただけで、忠興は料理人を首にしています。また、庭師が玉と目が合い、玉が微笑んだと見るや、その庭師を殺害してしまったといいます。

『茶道四祖伝書』という書物には、「忠興は天下一気が短い」と評されています。妻への深すぎる愛と嫉妬心が、このような逸話を生んだのかもしれません。

松《まつ》永《なが》久《ひさ》秀《ひで》

出自は謎に包まれるものの三好政権下で実権を二分

スタート

永正七（一五一〇）年
商人あるいは農民の家に生まれる。諸説あり

天文一〇（一五四一）年頃
三好長慶の配下となる

永禄一一（一五六八）年
織田信長に臣従する

松《まつ》永《なが》久《ひさ》秀《ひで》は永正七（一五一〇）年に生まれました。阿波国（徳島県）で生まれたとも、山城国（京都府）の商人の出身とも、摂津国（大阪府、兵庫県）の農民だったともいわれており、今もなお、謎に包まれた前半生です。三好長慶《みよしながよし》の右筆《ゆうひつ》（書記係）として取り立てられ、永禄三（一五六〇）年に大和国（奈良県）全域を平定したことをきっかけに、久秀は三好政権下で頭角を現します。さらに長慶が死ぬと、政権の実権を三

松永久秀データ

●生没年
永正7（1510）年
〜天正5（1577）年

●時代
戦国時代〜安土桃山時代

●「すごい」功績
畿内混乱の中心人物。信長にも屈しないしたたかさ

すごい！

元亀二（一五七一）年
甲斐国の武田信玄に味方し信長を裏切る

天正元（一五七三）年
信長に降伏し、許される

天正五（一五七七）年
再び信長に反抗し、自害

東大寺（奈良市）

好氏の重臣である三好三人衆と二分するまでになりました。

永禄八（一五六五）年、久秀は三好三人衆とともに、三好政権に敵対する姿勢を示していた、室町幕府一三代将軍・足利義輝を襲撃していますが、まもなく両者は対立。翌年には軍事衝突するまでに至りました。永禄一〇（一五六七）年、久秀は東大寺に布陣していた三好三人衆に夜襲を仕掛け、勝利しましたが、その戦いの最中に火が大仏に燃え移り、焼け落ちてしまいました。

後に上洛した織田信長に臣従した久秀は、「主人を殺し（長慶の子を毒殺したとの噂あり）、将軍を殺し、大仏を燃やした大悪党」と信長に評されました。その信長に二度も歯向かい、最期は信長からの降伏勧告にも耳を貸さず、自害して果てました。

ざんねん!

松永久秀

自分を凌《しの》ぐスケールを持った信長に嫉妬して反旗を翻すも最後は信長に滅ぼされる

三つの悪事が有名な久秀ですが、必ずしもすべてが彼の仕業というわけではありません。長慶の子である義興《よしおき》殺しは噂にすぎませんし、義輝暗殺については、当時、久秀は現場におらず、大和国にいたとの説もあります。

生涯において大和国の支配にこだわったのは、大和を愛していたからです。大和が大都会だったから、というのが大きな理由です。京都や堺、博多などと同じように、大和は商売が盛んでした。つまり、久秀は当時としては珍しい、経済を重視した武将だったのです。

戦場においては名軍師であった一方、大和の要衝に多聞山《たもんやま》城を築くなど築城に優れ、茶の湯を愛した文化人でもありました。織田信長という若武者が京都で大きな勢力を誇りつつあると聞くと、すぐさま頭を垂れる柔軟さもありました。そういう意味では、

久秀と信長は似たタイプといえます。信長も茶文化を愛す一方で、敵対する比叡山延暦寺を焼き討ちにする冷徹さがありました。ところが、実際に信長を目の当たりにすると、すべてにおいて敵わないと久秀は感じたのです。

久秀は、元亀元（一五七〇）年の金ヶ崎の退き口では、地元の小大名を説き伏せて、京都に逃げ帰る信長を手助けしています。しかし、自分が優れた人間だと信じ、プライドが高い久秀は、すべてにおいて自分を凌ぐ、スケールの大きい信長という存在を許し切ることができず、反旗を翻します。そして古天明《こてんみょう》平蜘《ひらぐ》蛛《も》という茶釜を出すなら許すぞ、と信長に言われますが、それを断り、古天明平蜘蛛を叩き割って自害したと伝えられています。

小《お》田《だ》氏《うじ》治《はる》

生涯のうちで何度も城を奪還し「不死鳥」と呼ばれる

小田氏治データ

●生没年
天文3(1534)年(諸説あり)〜慶長6(1602)年

●時代
戦国時代〜安土桃山時代

●「すごい」功績
周辺の強大勢力から何度も城を奪われては取り返す

スタート

天文三（一五三四）年
常陸国で生まれる。父は小田政治

弘治二（一五五六）年
結城政勝に敗れ小田城を奪われるも、北条氏康と和解して取り戻す

永禄七（一五六四）年
上杉謙信の攻撃により小田城が落城

小《お》田《だ》氏治《うじはる》は、関東の名門・小田氏の一四代当主・政治の嫡子として生まれました。足利将軍家とは親戚同士という毛並みのよさです。父が亡くなったことで、わずか一〇代の半ばにして家督を継ぐと、氏治はもっぱら、下総《しもうさ》国（千葉県）の結城家との戦いに身を投じます。結城家は相模国（神奈川県）の北条氏康と手を結び、その勢力をますます盛んにしようとしていたのでした。そこで氏治は、常陸《ひたち》国（茨城県）の佐《さ》竹《たけ》義昭《よしあき》

すごい!!

永禄一一（一五六八）年
謙信に降伏し
小田城を回復
小田城跡
（茨城県つくば市）

元亀四（一五七三）年
太田資正に攻められ
小田城から敗走

天正一八（一五九〇）年
豊臣秀吉に所領を没収され
大名としての小田氏が滅亡

の支援を得て結城家に対抗し、居城の小田城が奪われると、今度は氏康と和睦して城を取り返すといった身の軽さを発揮しています。

　ところが、その後逆襲に転じた佐竹家に小田城を攻め落とされてしまいます。その約二年後には城を取り戻しましたが、氏治の生涯において、こうした居城の落城、奪還が何度か繰り返されました。城を奪われては、必ず取り返している様を評して、今日では「常陸の不死鳥」と賞賛する人もいます。

　天正一八（一五九〇）年に小田城を取り戻そうと出陣した氏治でしたが、すでに天下統一を目前にしていた豊臣秀吉の家臣になっていた佐竹家に攻撃を加えたとの理由で、所領は没収されてしまいました。名門・小田氏はここで潰《つい》えたものの、何度も城を取り戻した主君と家臣の固い結束は、後世に語り継がれています。

ざんねん！

小田氏治

家臣や領民に愛された「不死鳥」は、戦国最弱の武将だった

「戦国最弱」と呼ばれる氏治の戦歴は敗北だらけです。確認できるだけでも二〇戦ほど負け戦となっています。その相手となったのは、いずれも一筋縄ではいかない猛者《もさ》たち。下総国の結城政勝《ゆうきまさかつ》や常陸国の佐竹義昭といった小田領周辺の強豪から、北条氏康、上杉謙信など、戦国時代を代表する強敵まで、容易ならざる相手ばかりでした。そのため、居城の小田城は九回も落とされています。

とはいえ、そのうち八回も城を奪還しているのですから、戦国時代では奇跡的なことかもしれません。本拠が落とされることはすなわち、城主が命を落とすことにつながりかねないからです。

氏治が何度も不死鳥のように再起できたのは、彼を慕う家臣たちがいたからこそです。逆に言えば、そんな忠臣たちを上手に活かすことができずに負け戦を重ねた

氏治は、かなりの戦下手な人物だったといえます。

ときには北条氏と手を結び、またあるときには上杉方につくなど、一見、節操のない方向転換は、氏治のような弱小大名には致し方のないことかもしれません。しかし、そこから見えてくるのは、居城である小田城を取り戻すことのみに執着した姿です。戦略のようなものが見えてきません。北条や上杉といった百戦錬磨の猛者たちを相手にするには、かなり頼りない指導力だったといえるでしょう。

何度、戦に敗れても領民や家臣に愛された人望がありながら、合戦で勝てるほどの指導力がなかったのは、残念でなりません。

黒田官兵衛《くろだかんべえ》

愛人を持たなかった高潔な戦国の名軍師

黒田官兵衛データ

●生没年
天文15(1546)年〜慶長9(1604)年

●時代
戦国時代〜江戸時代初期

●「すごい」功績
優れた軍略で豊臣秀吉の参謀として大活躍

スタート

天文一五(一五四六)年
播磨国姫路に生まれる

天正六(一五七八)年
織田信長に背いた荒木村重の説得に行き、捕縛・監禁される

天正一〇(一五八二)年
備中高松城攻めの際、秀吉に水攻めを献策する

黒田官兵衛《くろだかんべえ》(孝高《よしたか》)は、播磨国(兵庫県)姫路に生まれました。父である職隆《もとたか》とともに小寺政職《こでらまさもと》に仕え、後に主君の姪と結婚し、姫路城の城代となりました。

織田信長の勢力が播磨まで及ぶと、官兵衛は早くから信長への臣従を政職に進言しました。こうした先見の明は、官兵衛の能力の高さを物語るエピソードの一つにすぎません。

信長配下となった後は羽柴(豊臣)秀吉を主君とあ

すごい！

天正一四（一五八六）年
九州征伐に従軍。翌年に豊前国の六郡を与えられる

天正一七（一五八九）年
家督を嫡子の長政に譲る。その後も秀吉の軍師として活躍

慶長五（一六〇〇）年
関ヶ原の戦いで徳川方に与《くみ》し九州の反徳川勢力と戦う

姫路城（兵庫県姫路市）

おぎ、軍師として活躍しました。鳥取城では兵糧攻めを、備中高松城では水攻めを献策し、本能寺の変で信長が倒れると、秀吉に「天下取りの好機」とささやいたといわれています。能力の高さは言うまでもありませんが、官兵衛が高く評価されるところは、妻を一人しかめとっていないことも挙げられます。これは彼が入信していたキリスト教と関わることでもありますが、戦国時代は子供をたくさん作ることも家存続のために必須のことでした。そのため、多くの側室を抱えることは、珍しいことではありません。そんな時代にあって、一人の女性を深く愛したことは、特筆すべきことでしょう。

　そんな官兵衛の嫡子・長政は、天下分け目の合戦である関ヶ原の戦いで徳川家康方として大きな戦功を立て、福岡藩の初代藩主となりました。

ざんねん！

黒田官兵衛

高潔だと思っていたら実は性病に罹《かか》り判断力も失っていたという疑い

晩年の官兵衛は、部下に厳しく、いつも怒鳴りつけてばかりいたといわれています。あまりの変容ぶりに心配した長政が、ある時、その真意を尋ねました。すると官兵衛は次のように答えました。つまり、自分が部下に厳しくして疎《うと》ましく思われれば、跡を継ぐ長政への期待が高まるからだ、というのです。

このとき、すでに黒田家の家督は長政に譲られていました。それでも官兵衛は、次世代の長政のことを考えて行動していたのです。

ところが、近年、こうしたエピソードを覆す異説が

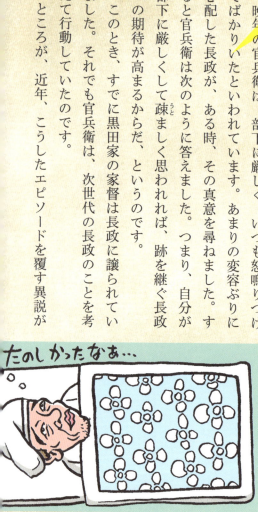

持ち上がっています。官兵衛は慶長九（一六〇四）年に病没していますが、その病が梅毒だった、というのです。

梅毒とは、性交渉によってうつる感染症で、治療を怠ると、脳に深刻な影響を及ぼす場合があるといわれています。もし官兵衛の死因が梅毒によるものならば、生涯にわたって妻一人を愛したという逸話も、疑わしいものとなってしまいます。

また、晩年に部下を怒鳴り散らしていたというのは、ひょっとすると、梅毒によって脳に支障をきたしていたからではないか、と見ることもできるのです。さらに言えば、息子が関ヶ原に従軍している最中に次々と九州の隣国を接収していった行動も、尋常とは言えません。

現代人はもちろんのこと、秀吉からも非凡な能力を高く評価されていた官兵衛ですが、もし本当に梅毒で亡くなっていたのだとすると、彼の人物評価が少し違ってくるかもしれません。

伊《だ》達《て》政《まさ》宗《むね》

東北地方を手中に収めた隻《せき》眼《がん》の名将

スタート

永禄一〇（一五六七）年
米沢城で生まれる。
父は伊達輝宗、母は義姫

天正一七（一五八九）年
摺上原の戦いで蘆名義広を破り
東北地方に広大な勢力圏を構築

天正一八（一五九〇）年
小田原に参陣し
豊臣秀吉に臣従する

伊達政宗データ

- **生没年**
  永禄10(1567)年
  ～寛永13(1636)年
- **時代**
  戦国時代～江戸時代前期
- **「すごい」功績**
  戦国時代の東北で覇を唱える

伊達《だて》政宗《まさむね》は、米沢城主の伊達輝宗、山形城主の最上《もがみ》義守《よしもり》の娘である義姫《よしひめ》との間に生まれました。一六代続く名門伊達家の嫡男として期待されましたが、生まれて間もなく、政宗に悲劇が訪れます。五歳の頃に天然痘にかかり、右目が見えなくなってしまったのです。

このことが原因で、幼少の政宗は暗い性格になったといいますが、一八歳で伊達家の家督を継ぐと、積極的に東北地方の統一を目指す勇ましい武将へと成長し

すごい!!

伊達政宗像（宮城県仙台市）

寛永一一（一六三四）年
伊達六二万石が確定する

慶長一八（一六一三）年
支倉常長をローマに派遣

慶長五（一六〇〇）年
関ヶ原の戦いに徳川家康方として参戦

ました。

家督を相続して以降、周辺諸国との戦いに明け暮れた政宗は、相続からわずか五年で、現在の福島県の大半と山形県の米沢地方、宮城県という東北の広大な領土を手中に収めることに成功しました。

ところが、すでに天下は豊臣秀吉のものとなっており、その巨大な軍事力を前に、政宗はやむなく秀吉の部下となることを選びます。しかし、葛西大崎《かさいおおさき》一揆《いっき》を扇動したり、秀吉の甥である豊臣秀次の反逆に加担した疑いをかけられたり、多くの問題を起こしました。これは、政宗が天下取りの野望を捨て切れなかったからだといわれています。

江戸幕府が開幕して以降は、スペインとの貿易を画策したり、大規模な土木工事を行ったりして、仙台藩の隆盛を築きました。

ざんねん！

伊達政宗

戦国武将としては三流、しかし自分を良く見せる演出力は一流

伊達政宗は、「遅れてきた戦国武将」と呼ばれています。織田信長や豊臣秀吉ら天下人に比べてはるかに若く、右目が不自由だったことから「独眼竜」とあだ名され、若い歴史フリークからも愛される「キャラ」としての要素がたくさんあります。

しかし、こうした華々しい経歴とは裏腹に、実は政宗は戦いが下手だったのではないか、と思われる節がいくつも見られます。

例えば、父親の輝宗の弔い合戦と称して起こった二本松城（福島県二本松市）攻めのときなどは、城主の畠山義継《はたけやまよしつぐ》がすでに亡くなっており、その息子であるわずか九歳の国王丸が大将だったのにもかかわらず、結局攻め落とせませんでした。

政宗の戦歴で唯一、スカッと勝利したと言えるのは、会津の覇権をめぐって争った摺上原《すりあげはら》の戦いだけかもしれません。これは蘆名《あしな》・佐竹《さたけ》連合軍と伊達軍との間で行われ

た、東北の一大決戦ともいえる戦いです。ただしこの戦いも、突風が吹き荒れたときに伊達軍が風上に立っていたことで辛くも勝利した、というケチがつけられるものでありました。

政宗は戦下手にもかかわらず、自己プロデュースが実に巧みで、徳川家康以降の将軍である、秀忠、家光に重宝されます。彼らは戦国時代の思い出話を政宗から聞くことを好みました。そこで政宗は自分の戦話を得意気に話したようです。「俺も昔はヤンチャだったんだぜ」と昔の自慢話をするおじさんによく似ています。つまり政宗は、戦国武将としては残念ながら言うほど強くはなかったものの、自分をどのように良く見せるかというプロデュースに長《た》けた演出家だったといえます。

コラム

ホトトギスに見る戦国大名の性格

織田信長、豊臣秀吉、徳川家康、それぞれの性格を表した、有名な「ホトトギス」の句があります。

織田信長「鳴かぬなら　殺してしまえ　ホトトギス」

豊臣秀吉「鳴かぬなら　鳴かせてみせよう　ホトトギス」

徳川家康「鳴かぬなら　鳴くまで待とう　ホトトギス」

これらは確かに三人の性格をよく表しています。短気な信長、知恵者の秀吉、そして我慢強い家康、という感じですね。

もっとも、これらの句は、実は本人たちが詠んだものではありません。江戸時代後期に書かれた肥前平戸藩主・松浦清の随筆『甲子夜話《かっしやわ》』の中で、戦国三英傑（信長、秀吉、家康）の性格を表す句として紹介されているものです。詠み人もわかっていません。

あるいは、江戸時代に南町奉行の根岸鎮衛《しずもり》が書きためた雑話集『耳嚢《みみぶくろ》』の中にも、表現は違いますが、同じ意味の「三英傑」の句が紹介されています。

ところで、ホトトギスの句に関しては、明智光秀のものと言われるものもあるのをご存じでしょうか？　それが次の句です。

「鳴かぬなら　放してやろう　ホトトギス」

実に優しい内容の句であり、これを詠んだのが本当に光秀だとしたら、主君に対して謀反を起こし、自刃させた武将像も、少し変わってきますね。

また、同じく光秀が詠んだと言われる句に、次のようなものがあります。

「鳴かぬなら　私が鳴こう　ホトトギス」

これはいろいろな意味に取れますが、例えばＮＨＫの大河ドラマ『麒麟がくる』になぞらえて考えてみましょう。同ドラマの監修をしている小和田哲男先生は、本能寺の変の光秀の動機を「非道阻止説」としています。朝廷や幕府をないがしろにする信長の非道を食い止めようというものです。また、ドラマのタイトルの「麒麟」は、中国に伝わる想像上の動物で、世の中が平和に収まったとき、天帝がそれを祝福して送り出す、というものです。これらとホトトギスの句を重ね合わせると、光秀自身が信長を倒して平和をもたらす「麒麟」になろうとしている決意がうかがえるような気がしますね。

ちなみに、江戸時代には、信長、秀吉、家康の三英傑が、いかに天下をまとめていったかを表す狂歌が流行しました。それが次の歌です。

「織田がつき　羽柴がこねし　天下餅　座りしままに　喰うは徳川」

この内容を歌川（一猛斎）芳虎が描いた錦絵も残されています。

面白いのは、絵の中に三英傑のほかに明智光秀が含まれていることです。やはり信長が天下統一を成し遂げる上で、光秀の存在が欠かせなかったということを、この絵は示しているように思います。

一猛斎芳虎画「道外武者御代の若餅」（国立国会図書館デジタルコレクション）

番外編

日本史「ざんねんな人」番付

その一◉色恋で失敗した人番付

まず「前頭」は平清盛です。清盛は平治の乱の後、宿敵であった源義朝の子、源頼朝と、その異母弟の義経の命を助けます。特に義経の場合は、息子の助命嘆願に来た義経の母・常盤御前《ときわごぜん》の美しさに惚れてしまったためと言われます。清盛が色恋に惑わされなければ、壇ノ浦の戦いはなかったかもしれません。

「小結」は戦国時代の陸奥国黒川城主・蘆名盛隆《あしなもりたか》です。この人は家臣の大庭三左衛門に殺されています。原因は、美少年の三左衛門を寵愛していたのに別の美少年に心を奪われ、三左衛門に冷たい仕打ちをしたためという説があります。

階級	名前	理由
横綱	孝謙天皇（上皇）	寵愛する僧の道鏡を天皇にしようとして周囲から止められる
大関	源頼朝	妻の北条政子に浮気相手の家をぶっ壊される
関脇	藤原高子	東光寺の座主とアラフィフで浮気、皇太后の地位をはく奪される
小結	蘆名盛隆	元カレの美少年の家臣から嫉妬され、殺される
前頭	平清盛	敵の妻に一目惚れ、助けた息子に平氏を滅ぼされる

「関脇」は藤原高子です。清和天皇の女御で陽成天皇の母ですが、若い頃は在原業平《ありわらのなりひら》と駆け落ちし、晩年は東光寺の座主・善祐との密通を理由に皇太后を廃されるなど奔放な一面を持っていました。

「大関」は源頼朝。詳しくは30ページをご覧ください。

そして「横綱」は孝謙天皇です。天皇から上皇となり重祚《ちょうそ》して称徳天皇となりますが、上皇時代に病を得た際、看病に当たった弓削氏の僧・道鏡《どうきょう》を寵愛し、天皇にまでしようとします。この計画は和気清麻呂《わけのきよまろ》たちに阻止されますが、色恋のためにあやうく天皇の万世一系を途絶えさせるところでした。

その二◎お酒で失敗した人番付

お酒で失敗した人、まず「前頭」は、豊臣秀吉の家臣・福島正則です。酒の席で黒田家の家臣・母里友信《もりとものぶ》に、普通の人では飲めないような大杯の酒を勧め、「飲み干せたら好きな褒美をとらせる」と豪語します。すると友信は酒を一気に飲み干し、正則が秀吉から賜った家宝の名槍「日本号」を要求します。正則は「武士に二言はなし」として、大事な槍を友信に譲ることになってしまいました。

続いて「小結」は、上杉謙信です。これは68ページで紹介していますが、戦国の名将が酒のために脳溢血で厠《かわや》で斃《たお》れて死んだというのも、残念な話です。

「関脇」は小早川秀秋です。関ヶ原の「寝返り」で東軍に勝利をもたらした話は有名ですが、関ヶ原の戦いの二年後に急死します。死因はアルコール依存症による肝疾患と言われていますが、世間は秀秋の寝返りで討ち死にした西軍の大谷吉継の祟《たた》りだと噂しました。関ヶ原で寝返りの決断が遅れたのも、肝疾患のせいではないかという説もあります。

階級	名前	理由
横綱	本多忠朝	酒に酔って敵に敗退、汚名返上しようとして戦死
大関	佐川官兵衛	深酒で寝坊し、奇襲に遅刻・敗退
関脇	小早川秀秋	関ヶ原の戦いの「寝返り」の二年後に肝疾患で死亡
小結	上杉謙信	脳溢血で厠で斃れて死亡。酒の飲み過ぎが原因とも
前頭	福島正則	酒豪を侮り家宝の槍を奪われる

「大関」は西南戦争でも活躍した会津藩士・佐川官兵衛です。戊辰戦争の会津若松攻城戦で籠城していたとき、藩主の松平容保《かたもり》より、早暁に敵に奇襲攻撃をかけるよう命じられます。ところが出陣前夜に容保からいただいた酒に酔い、さらにハイな気分で自室で飲み続けたため、翌朝寝坊して奇襲に失敗してしまいました。

そして「横綱」は、徳川家康の重臣・本多忠勝の次男、本多忠朝《ただとも》です。大坂冬の陣で酒に酔っていたところを敵に攻撃され敗退。汚名を返上しようと大坂夏の陣で毛利勝永軍に正面から突入し、戦死しました。酒で失敗しないための戒めとして、死後は「酒封じの神」として崇《あが》められています。

その三◎お金で失敗した人番付

まず「前頭」は鎌倉時代の執権、北条貞時です。当時、元寇《げんこう》などの出費で金銭的に困窮した御家人は土地を担保に金貸しから借金をしていましたが、そうした御家人を救済するため、貞時はいわば借金をチャラにする徳政令を発布します。しかし、担保をタダで返さなければならなくなった金貸したちは、幕府を信用せず御家人に金を貸さなくなり、御家人たちはさらに困窮しました。

「小結」は、江戸時代の尾張藩主・徳川宗春です。江戸で将軍・徳川吉宗が享保の改革を行い、質素倹約に努めていた頃、宗春はその真逆の規制緩和政策で遊郭や芝居小屋を解禁し、経済の活性化を図ります。しかし結果的に藩は莫大な借金を抱え、宗春の跡を継いだ歴代藩主もその借金の返済に悩まされました。

「関脇」は、江戸幕府の勘定奉行を務めた大久保長安です。金山開発などに優れた手腕を発揮しましたが、一方で金を使って豪遊三昧。死後に生前の不正蓄財が明るみになって家族や親戚が切腹、改易などに処せられました。

階級	名前	理由
横綱	田沼意次	商人から賄賂を取り、腐敗政治を横行させた
大関	井上準之助	金解禁を実施するも、逆に日本経済を混乱させる
関脇	大久保長安	勘定奉行時代の不正蓄財で、家族や親戚が切腹や改易の憂き目に
小結	徳川宗春	放漫財政で藩の財政赤字を拡大させる
前頭	北条貞時	借金帳消しの徳政令を発布し、御家人をさらに困窮させる

「大関」は浜口雄幸《はまぐちおさち》内閣の蔵相・井上準《じゅん》之助《のすけ》です。これは「金」を「きん」と読んだ場合の失敗談です。一九三〇年に金輸出解禁（金解禁）を実施。それにより外国為替相場を安定させ、輸出の増大を図ろうとしましたが、円の価値を落とさないよう金の価格を安く流通させたため逆に円高を誘発。そこに世界恐慌が始まったため、日本経済をさんざんな状況に落とし込みました。

そして「横綱」は江戸時代の老中・田沼《たぬま》意次《おきつぐ》です。同業者の組合である株仲間を奨励し、専売制を拡大するなど、商業資本との提携を進めましたが、賄賂の横行で政治腐敗が進み、将軍家治の死去とともに失脚しました。

その四◉残念な死に方番付

まず「前頭」は鎌倉幕府第二代将軍・源頼家と、室町時代後期の武将・太田道灌です。本書でも紹介していますが、二人の共通点は、風呂場で素っ裸のところを暗殺されたということです。

「小結」は室町幕府第一三代将軍・足利義輝《よしてる》です。応仁の乱以降、失墜した幕府の権威を復興し、将軍親政を試みますが、将軍の傀儡《かいらい》（あやつり人形）をもくろむ三好三人衆や松永久秀の長男・松永久通《ひさみち》らの大軍に襲撃され、殺されます。その際、塚原卜伝《つかはらぼくでん》から剣術を習ったという義輝は大軍を相手に奮戦しますが、最期は敵に槍で足をすくわれ、倒れたところをめった刺しにされて痛い死に方をしたと伝えられます。

「関脇」は織田信長の重臣だった柴田勝家です。賤ヶ岳《しずがたけ》の戦いで豊臣秀吉に敗れ自刃しますが、その際、妻のお市の方を刺し殺し、自身は切腹して内臓を抉《えぐ》り出すというかなりすさまじく、悲壮で、痛そうな死に方だったそうです。

階級	名前	理由
横綱	吉田松陰	老中暗殺を自ら白状してしまったため、死罪となる
大関	坂本龍馬と大村益次郎	共に暗殺され、痛々しい最期を遂げる
関脇	柴田勝家	秀吉に敗れ、妻を刺した刀で切腹、内臓を抉り出す壮絶な最期
小結	足利義輝	大軍に襲われ孤軍奮闘するも、最期はメッタ刺しに
前頭	源頼家と太田道灌	風呂場で素っ裸のところを暗殺される

「大関」は坂本龍馬と大村益次郎です。二人の共通点は、ともに明治維新に貢献しながら最期は暗殺されたということです。しかも龍馬は頭部を切られて脳の半分を失い、益次郎は命を取り留めたものの傷口から細菌が入って敗血症となり、苦しみぬいて死んだという、可哀そうな最期を遂げたのでした。

そして「横綱」です。ここは170ページで紹介する吉田松陰を挙げておきましょう。役人の尋問に適当に答えておけば死なずに済んだのに、老中暗殺を自白したために死罪となります。しかしその実直さが、松陰らしく人の心を惹きつけると言えるのかもしれません。

3章

江戸時代編

文化の花開く江戸時代から混乱の幕末へ

一六〇三年
徳川家康が征夷大将軍となり徳川幕府を開く

一六三七年
島原の乱（～一六三八年）

一六五七年
徳川光圀ら『大日本史』の編纂に着手（～一九〇六年完成）

一七一六年
徳川吉宗による享保の改革始まる（～一七四五年）

一七七二年
田沼意次、老中となる（田沼時代）

一七七六年
平賀源内が日本初の発電機「エレキテル」を完成

一七八七年
老中・松平定信による寛政の改革（～一七九三年）

一八二三年
葛飾北斎の『富嶽三十六景』初版の制作が始まる

一八四一年
老中・水野忠邦による天保の改革（～一八四三年）

一八五八年
日米修好通商条約が締結される。安政の大獄が始まる

一八六〇年
桜田門外の変で大老・井伊直弼が暗殺される

葛《かつ》飾《しか》北《ほく》斎《さい》

ピカソからも愛された世界的な浮世絵師

スタート

宝暦一〇（一七六〇）年
武蔵国葛飾郡（東京都墨田区）生まれ。姓は川村、幼名は時太郎

明和元（一七六四）年
鏡師・中島伊勢の養子後に家を出て貸本屋、彫刻師の徒弟に

安永七（一七七八）年
浮世絵師・勝川春章の門下となる。画法を学び名所絵、役者絵を描く

今や世界的に評価の高い浮世絵師《うきよえし》・葛飾北斎《かつしかほくさい》は、宝暦一〇（一七六〇）年、江戸本所割下水に生まれました。四歳の頃に幕府御用鏡師・中島伊勢の養子となりましたが、幼い頃から絵が上手く手先が器用だったことから、一四歳で木彫り職人に弟子入り、一九歳の頃には役者絵師として有名だった勝川春章《かつかわしゅんしょう》の門下で学ぶようになります。

その後、勝川春朗《しゅんろう》の名でデビューすると、勝川派

葛飾北斎データ

●生没年
宝暦10（1760）年
～嘉永2（1849）年

●時代
江戸時代

●「すごい」功績
現代芸術の巨匠たちに大きな影響を与えた

すごい!!

文化一一(一八一四)年
『北斎漫画』(全一五編、図数四〇〇〇)の初編を発刊。北斎五五歳

天保二(一八三一)年
『富嶽三十六景』刊行、全四六図。絵師としての地位は不動のものに

富嶽三十六景の風景

嘉永二(一八四九)年
江戸浅草の遍照院で没する。享年九〇歳、活躍期は七〇年に及んだ

の絵風だけでは飽き足らず、狩野《かのう》派《は》や洋画を模写して学んでいたため、勝川派を破門となりました。独立した絵師として生計を立てざるを得なくなると、彼は、「宗理」「北斎」「為一」などさまざまな画号で作品を発表。制作した読本だけでも二〇〇〇冊はくだらないといわれています。現存する作品だけでも三万点は超えるというほどです。

北斎の作品は、日本に止まらず、フランスの印象派やポスト印象派の画家たちに大きな影響を与えました。また、二〇世紀の現代芸術の始まりを告げたパブロ・ピカソも北斎の春画を私蔵していたそうです。嘉永二（一八四九）年に没するまでに、生涯貪欲に新しい作風を追い求めて、絵を描き続けた北斎。その最後の画号は、「画《が》狂《きょう》老人《ろうじん》卍《まんじ》」だったそうですから、なんともシャレています。

ざんねん！

葛飾北斎

絵描きバカ過ぎて
掃除もしないゴミ屋敷を転々とする
不思議な父娘

何しろこの葛飾北斎が残念なのは、なんと言っても絵描きバカだったこと。ともかく、描いて描いて描きまくった生涯です。彼が残した作品を、彼の生涯で割ってみると、一日に一枚以上は制作していたようです。

絵描きバカ過ぎて、他のことはなにも手がつかなかった。掃除もしないから家はいつもゴミ屋敷だし、実生活のすべてがダメ。かといって貧乏なのかというと、それなりに稼いでもいる。やはり葛飾北斎の名は、当時の江戸でも一目置かれていましたし、仕事も生涯途切れなかったのです。けれども、よくよく調べてみると、どうやら北斎には遊び人の甥がいたらしく、金の無心に来たら、大して気に留めることもなく、いわれるまま与えていたそうです。

北斎は娘でやはり浮世絵師だった応為《おうい》と同居していましたが、彼女は生涯独身で、

若い頃にもうけた娘だったので、結局老々介護になってしまいます。そもそも、この「応為」というのも、北斎が「お〜い」と呼んでいたからついたペンネームだというのだから、めちゃくちゃです。この応為も父親同様、部屋が汚れていようが全く気に留めず、ゴミは散らかし放題。その日のうちに家がゴミであふれすぎたので、一日に三回も引っ越した、なんてことも。生涯に九三回も引っ越しを繰り返し、新築の家はわずか一回だけ。あとは全部借家住まいだったとか。

ゴミ屋敷にしたら放り出して別の家に引っ越せばいい、という腹づもりだったので、借家暮らしのほうが気楽だったのでしょう。実に残念です！

平《ひら》賀《が》源《げん》内《ない》

発明だけでなく芸術にも造詣の深いマルチタレント

平賀源内データ

●生没年
享保13（1728）年
〜安永8（1780）年

●時代
江戸時代

●「すごい」功績
江戸時代の最先端を行くマルチなクリエイター

スタート

享保一三（一七二八）年
讃岐国寒川郡で白石茂左衛門の三男として出生

宝暦二（一七五二）年
父の死後、長崎に遊学し本草学と蘭語、医学、油絵などを学ぶ

宝暦六（一七五六）年
江戸で本草学者田村藍水に師事、再び長崎で鉱山技術を習得

平《ひら》賀《が》源《げん》内《ない》は享保一三（一七二八）年、高松藩の小吏白石茂左衛門の三男として生を受けました。

子供の頃から「天狗小僧」と呼ばれ、さまざまなカラクリを発明しては人々を驚かせたと言われます。一一歳のときには、天狗の顔がお酒を飲んで赤くなるというカラクリ絵「御神酒天神」を作りました。

宝暦二（一七五二）年、二五歳の頃には、長崎へと遊学し西洋の文物を学びました。その後、今でいう万

すごい!

宝暦一二（一七六二）年
東都薬品会を湯島で開催し杉田玄白や中川淳庵と交流する

安永五（一七七六）年
長崎で手に入れたエレキテル（静電気発生機）を修理して復元する

平賀源内電気実験の地（東京都江東区）

安永八（一七八〇）年
誤って人を斬り、投獄され獄中で死んだと言われるが諸説あり

歩計にあたる量程器や方角を測るための磁針器も発明しています。

安永五（一七七六）年には、日本初の発電機、エレキテル（摩擦静電気発生装置）を完成させています。

発明家というだけでなく、風来山人というペンネームで『根南志具佐』『風流志道軒傳』などの戯《げ》作《さく》を発表し、戯作の開祖とも呼ばれました。

また、当時は大坂で上演したものを江戸で再演する形式が多かった浄瑠璃の世界に新風を巻き起こしたのも源内です。江戸独自の浄瑠璃を作ったことから、「江戸浄瑠璃の開祖」などとも呼ばれています。

その才能はそれだけにとどまらず、陶磁器の制作や西洋画に惹かれて油絵を描くなど、マルチタレントぶりが実にすごいのが平賀源内と言えるでしょう。

ざんねん！

平賀源内

「土用の鰻」まで広めた器用貧乏だが歴史的にはどんな功績があったのかわからないまま獄死

平賀源内が残念なのは、一言で言えば、「器用貧乏」ということです。なんでもできちゃうのが玉にキズ、と言ったところでしょうか。

実際に、源内はいったい何者だったのかと問われて、答えに窮してしまう人なのです。先ほども紹介したように、今でいう小説を書いてみたり、エレキテルの実験をしてみたり、絵を描いたりもしています。

有名なところでは、夏場の鰻《うなぎ》を売り出すために「土用丑の日」のコピーを作って売り上げに貢献したコピーライターとしても優秀。しかし、この土用の鰻をな

ぜ売り出さなければいけなかったかというと、夏の鰻は美味しくないため、当時は全く売れなかったからです。

今でこそ、夏バテ防止のために鰻を食べて精をつけるのが「土用丑の日」だなんてまことしやかに言われますが、本当はウソ。鰻が本当に美味しいのは冬なのです。ですから、まずい鰻を庶民に買わせるために、鰻屋から相談されて、発案したのがこのキャッチコピーでした。

現代人までうまく騙し続ける名コピーを作ってしまった源内は、大変すごい人ではあるのですが、そのすごさのわりには、歴史的に何か重要事をなしたような人物というわけでもなく、とにかく器用貧乏。最後は、誤って人を殺してしまい、牢屋で亡くなったとされます。

いろんなことができる反面、正直、歴史的には何もしなかったと言ってもよいでしょう。

前《まえ》田《だ》利《とし》常《つね》

類いまれなるバランス感覚で加賀一〇〇万石の礎を築く

前田利常データ

●生没年
文禄2(1594)年
〜万治元(1658)年

●時代
安土桃山時代末期
〜江戸時代初期

●「すごい」功績
外様ながら幕府から加賀藩を守り抜いたその政治力

スタート

慶長五（一六〇〇）年
長兄・利長の養子となり、徳川秀忠の娘、珠姫を妻に迎える

慶長一〇（一六〇五）年
利長より家督を継ぎ前田家三代目当主、加賀藩二代目藩主となる

慶長一九（一六一四）年
大坂冬の陣で徳川方として参戦、真田丸に攻撃をかけるが敗北する

文禄二（一五九四）年、前田利常《まえだとしつね》は、前田利家《としいえ》の四男として生を受けました。大河ドラマ『利家とまつ』で有名な、正室まつの子ではなく、まつの侍女だった千代（寿福院《じゅふくいん》）の子。いわゆる庶子です。

しかし、慶長三（一五九八）年に家督を譲られ、前田家二代目当主で加賀藩の初代藩主となった長兄の前田利長は、梅毒を患っていたため、子供に恵まれませんでした。同じくまつの子である次兄の前田利政《としまさ》は、

すごい！

慶長二〇（一六一五）年
大坂夏の陣では家康から秀忠の先鋒を命じられ苦戦しながらも勝利

寛永八（一六三一）年
秀忠の病中、金沢城の補修や家臣の採用で謀反の嫌疑をかけられる

寛永一六（一六三九）年
嫡男・光高に家督を譲る。隠居するが一時藩政に戻る。一六五八年死去

兼六園（前田家居城・金沢城跡　石川県金沢市）

慶長五（一六〇〇）年の関ヶ原の戦いでどうやら、西軍に味方したらしく、所領を没収され京都の嵯峨に隠棲することになります。三男の前田知好《ともよし》はすでに出家しており、次の当主にはなれない。そこでお鉢が回ってきたのが、利常でした。

当時六歳だった利常は、利長の養子となり、慶長一〇（一六〇五）年に家督を継いで、前田家三代目当主、加賀藩二代目藩主となりました。

二代将軍の徳川秀忠の娘・子々《ねね》姫《ひめ》（のちの珠《たま》姫《ひめ》）を嫁にもらい、徳川家との結びつきを強めるとともに、逆に徳川家に目をつけられないよう、類いまれなバランス感覚で、何度も窮地を乗り切りました。

大坂の陣でも徳川方として活躍。その後も藩内の統治改革を実施し、その後の加賀藩の体制を盤石なものにしていきました。

ざんねん！

前田利常

前田家内からのプレッシャーと徳川の圧力をかわすため選んだ手段は「鼻毛を伸ばす」

ろでしょう。

四男であり、庶子でありながら家督を継いだ利家にとって、やはり大きなプレッシャーだったのは、前田利家の正室であるまつの実の子ではなかった、というところでしょう。

加賀百万石をなした前田利家、その良妻賢母で評判だったまつ。前田家の重臣たちというのは、利家が若輩の頃から仕えていた古参の者も多く、まつの世話になっていた人も多かったのです。だからこそ、まつの血統を盛り立てようとするのは人情というものでしょう。

それだけに、まつの子を差し置いて、前田家の三代目当主となった利常への風当たりは強いものだったと考えられます。

前田家内からのプレッシャーとともに、いかに徳川体制下で前田家を存続させる

かも、利常にとって大きな課題でした。寛永八（一六三一）年には、二代将軍・秀忠の病気の間に、加賀藩が無断で金沢城を修復したことなどを理由に謀反の疑いがかけられたのです。この件は、なんとか重臣の活躍と尽力もあり事なきを得ました。

利常は、この寛永の危機をきっかけに鼻毛を伸ばしたといわれています。それは、鼻毛を伸ばしてバカのふりをしていれば、幕府も謀反などというあらぬ嫌疑をかけないだろうという考えからだとされます。

徳川家に目をつけられないようにするために鼻毛を伸ばす、というのは、賢いやり方だとは思いますが、見た目はさぞ残念なビジュアルだったことでしょう。

水《み》戸《と》光《みつ》圀《くに》

水戸黄門のすごい業績は 諸国漫遊でなく歴史書の編纂

スタート

寛永五(一六二八)年
水戸徳川家当主・徳川頼房の三男として生まれる。幼名は千代松

寛永一〇(一六三三)年
世子に選ばれ江戸小石川の水戸藩邸にて世継ぎ教育を受ける

明暦三(一六五七)年
駒込邸の史局(のちの彰考館)で『大日本史』の編纂作業を開始

水戸光圀データ

●**生没年**
寛永5(1628)年
〜元禄13(1701)年

●**時代**
江戸時代前期

●**「すごい」功績**
紀伝体による日本で初めての歴史書を編纂した

寛永五（一六二八）年、徳川（水戸）光圀《みつくに》は水戸徳川家当主・徳川頼房《よりふさ》の三男として生を受けました。徳川家康の孫にあたります。寛文元（一六六一）年に父・頼房が亡くなると、幕府の上使を受けて、光圀が水戸藩の二代目藩主となりました。

水戸光圀というと、私たちはテレビ時代劇シリーズでおなじみの『水戸黄門』が真っ先に頭に浮かぶと思います。助さん格さんにうっかり八兵衛といったお供

すごい！

寛文元（一六六一）年
父・頼房の死後、家督を相続し
水戸藩二八万石の藩主となる

元禄三（一六九〇）年
家督を兄・頼重の子綱條に譲り、
隠居所（西山荘）で隠棲した

元禄一三（一七〇〇）年
『大日本史』の根本部分が
できあがっていたが
食道がんのため死去

徳川光圀像
（茨城県水戸市）

の者を従えて、身分を隠し諸国漫遊、旅先では悪徳代官を懲らしめて弱きを助けるヒーローといったところです。しかし、実際の光圀の諸国漫遊は、せいぜい日光、鎌倉、金沢八景、房総などを回った程度。勿来《なこそ》と熱海を除くと、現在の関東地方から出たという記録は残っていません。

むしろ光圀が評価されるのは、その文化事業、とりわけ歴史書の編纂《へんさん》でした。儒学を奨励するとともに、司《し》馬遷《ばせん》の『史記』に感銘を受けた光圀は、歴史書を編纂するための史局である「彰考館《しょうこうかん》」を設けて、朱舜《しゅしゅん》水《すい》など俊才を招き、『大日本史』の編纂を開始したのです。この『大日本史』は、神武天皇から後小松天皇までの治世を紀伝体でまとめた歴史書で、光圀の時代からゆうに二百数十年をかけて、明治時代に入ってようやく完成をみた一大プロジェクトでした。

ざんねん!

水戸光圀

学問のために庶民の暮らしも顧みず
若いときには辻斬りまで!
崩壊する「水戸黄門」のイメージ

水戸光圀は『大日本史』編纂を始めたことで有名ですが、実はそのほかにもさまざまな歴史書を作ろうとして全国に家臣を派遣し、史料集めをしています。いわゆる助さん格さんのモデルとなった佐々《さっさ》宗淳《むねきよ》、安積《あづみ》澹泊《たんぱく》も、あくまでも研究者（儒学者）です。そうした研究者をたくさん抱えて、『大日本史』をはじめとするさまざまな歴史書の編纂を行いました。

そうなってくると、大変にお金もかかります。そのため、水戸光圀の水戸藩は非常に税金が重かったことで有名でした。学問というのはお金がかかる、ということでしょうか。学問のために民衆の暮らしを顧みず、村は荒れ果て「水戸の村荒れ」なんて言葉も生まれたそうです。藩主としては残念！と言えるでしょう。

さらに、光圀は若い頃はかなり無頼な人として有名で、辻斬りまでしていたと伝

わっています。そう考えると、諸国を漫遊して悪を懲らしめる「水戸黄門」のイメージはガラガラと崩れてきます。また、水戸藩の残念さについて付け加えると、水戸藩は本来、二七〜二八万石程度だったのですが、あえて三五万石と虚偽の報告をしていた、という話もあります。普通は少なく申告したほうが、幕府からの負担は少なくなります。ところが水戸藩は体裁・面子《めんつ》のためについ水増しして報告していたのです。見栄を張って負担が大きくなっていたところに、光圀の重税も重なっているわけですから、その財政難の肩代わりをさせられた藩内の人たちは、かなり大変な苦労を強いられたことが想像されます。

水《みず》野《の》忠《ただ》邦《くに》

唐津藩の藩政改革の後 江戸幕府の改革を担う大出世

水野忠邦データ

●生没年
寛政6(1794)年
〜嘉永4(1851)年

●時代
江戸時代後期

●「すごい」功績
地方のエリートが幕政のトップに昇進、改革を進める

スタート

寛政六(一七九四)年
唐津藩の第三代藩主・水野忠光の次男として生まれる

文化九(一八一二)年
兄が早世していたため、忠光の隠居後に家督を継いで藩主となる

文化一四(一八一七)年
財政的に不利な浜松藩への転封を願い出て実現

江戸幕府の老中にまで上り詰めた水《みず》野《の》忠《ただ》邦《くに》は、寛政六（一七九四）年、肥前国唐津藩主・水野忠《ただ》光《あきら》の次男として生を受けました。

政治的な手腕には長《た》けていたようで、文化九（一八一二）年に唐津藩を受け継ぐと、藩政改革を宣言しています。

その三年後には儀礼進行などを司る役職で、いわば江戸幕府の中間管理職的なポジションである奏者番《そうじゃばん》に

すごい！

天保五（一八三四）年
将軍家斉のもとで頭角を現し老中に就任、その後老中首座に

天保一二（一八四一）年
一二代将軍家慶のもと、家斉側近を排除して、天保の改革を行う

水野忠邦の墓（茨城県結城市）

天保一四（一八四三）年
政策に対する反発が高まり「上知令」撤回を機に老中を罷免

任命されました。ここから、水野忠邦の幕府内における出世の快進撃がスタートします。

文化一四（一八一七）年には領地を唐津から浜松へと転じ、寺社奉行を務めています。その後、大坂城代、京都所司代を歴任。文政一一（一八二八）年には西丸老中、天保五（一八三四）年には本丸老中となりました。その後、天保一〇（一八三九）年には、老中首座に昇進、幕政の最高責任者となるのです。

そして、忠邦の大きな業績といえば、やはり江戸の三大改革の一つに数えられる天保の改革を断行したことが挙げられるでしょう。

享保、寛政の改革と同じく、贅沢《ぜいたく》を禁止したほか、株仲間を解散させ、江戸に流れ込んだ農民を郷里へ強制送還する人返し令など、さまざまな改革を行いました。

ざんねん!

水野忠邦

せっかくの出世も改革の失敗で帳消し権力の権化の哀れな末路

水野忠邦の残念なところは、まさに権力欲の権化だったということです。唐津藩の藩主でありながら、幕府に浜松藩への国替えをしつこくお願いしたというエピソードがあります。浜松城は徳川家康が本拠地にしていたこともあり、出世城と言われていました。権力欲・出世欲の強かった忠邦はとにかく浜松城に行きたかった。表高で勘定をすると石高的には唐津藩と浜松藩は変わらないのですが、実高だと唐津はその四倍くらいあったと言われています。家臣たちは「殿、浜松に行くのを考え直してくれませんか」と懇願し、中に

は抗議のために自害した者もいたほどです。

しかし、それでも忠邦は出世を諦められません。家臣の嘆願を振り切って、浜松へ行ったのです。

そして、実際に老中にまで上り詰めたのですから、やはり非凡な才能があったのでしょう。ただ、忠邦の代名詞ともいえる天保の改革は、同じく江戸の三大改革に数えられる徳川吉宗の享保の改革、松平定信の寛政の改革に比べると、完全な失敗と言われています。

三大改革のいずれもが、基本的には質素倹約を勧める政策です。リストラをして、贅沢も禁じるようなもので、経済的にはパイは増えませんから、一時的には良いかもしれないけれども、経済を発展させるものではありません。

採点すれば、享保の改革は最初ということもあって、百点満点中六〇点、寛政の改革は五〇点、そして水野忠邦の天保の改革は失敗（採点不可）、という評価です。せっかく出世しても、政策的な実績を残せなかった、残念な政治家人生でした。

恐れながら水野様、
このままでは、
江戸が潰れてしまいます

コラム

桜田門外の変

安政の大獄の恨みが爆発
幕府政治終焉の大転換点

桜田門外の変は、万延元（一八六〇）年、水戸・薩摩両藩の浪士が、幕府大老・井伊直弼《なおすけ》を江戸城桜田門付近で暗殺した事件です。事件の発端は、直弼が孝明天皇の勅許を得ないままアメリカとの間に日米修好通商条約を結び、他の諸外国とも条約を結んでしまったこと（安政の五カ国条約）、また、朝廷の意向を無視して将軍の後継者を決めてしまったことにありました。

さらに直弼は、自身の政策を非難する水戸藩の徳川斉昭《なりあき》や越前藩主の松平春嶽《しゅんがく》らに謹慎などの処分を下します。これに怒った孝明天皇は、幕政の改革を促す「戊午《ぼご》の密勅」を水戸藩に送りました。天皇が大名に直接指令を行うという異例の事態に幕

現在の桜田門（写真は高麗門）

府の閣僚たちはうろたえますが、直弼はこれを水戸藩の陰謀として、水戸藩の要人をはじめ、幕政の反対勢力を次々に弾圧し始めます。これが世にいう「安政の大獄」です。
これに対し、反井伊勢力である水戸藩・薩摩藩の志士たちは結束し、江戸城に登城しようとする井伊の行列を襲い、直弼を暗殺、その首級を挙げました。直弼を襲撃した浪士たちの多くは討ち死に、自刃し、逃亡した者も捕らえられて死罪や追放の処分を受けました。しかし、江戸城の門前で大老が暗殺されるという開幕以来の事態に幕府の権威は失墜し、幕末の政情は明治維新へと大きく転換していくのでした。

桜田門外の変・人物相関図

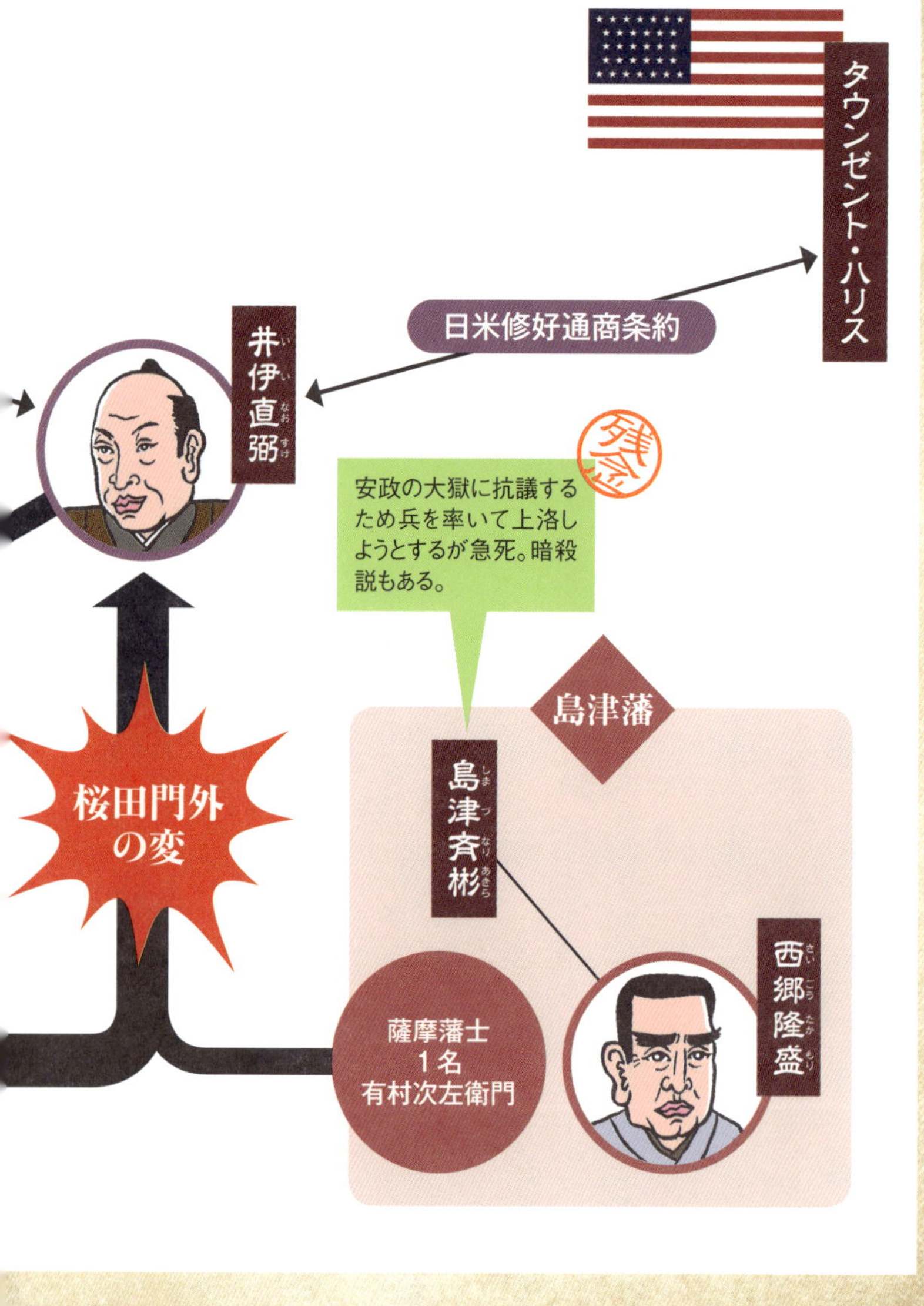

タウンゼント・ハリス
日米修好通商条約
井《い》伊《い》直《なお》弼《すけ》
残念
安政の大獄に抗議するため兵を率いて上洛しようとするが急死。暗殺説もある。
島津藩
島《しま》津《づ》斉《なり》彬《あきら》
桜田門外の変
薩摩藩士
1名
有村次左衛門
西《さい》郷《ごう》隆《たか》盛《もり》

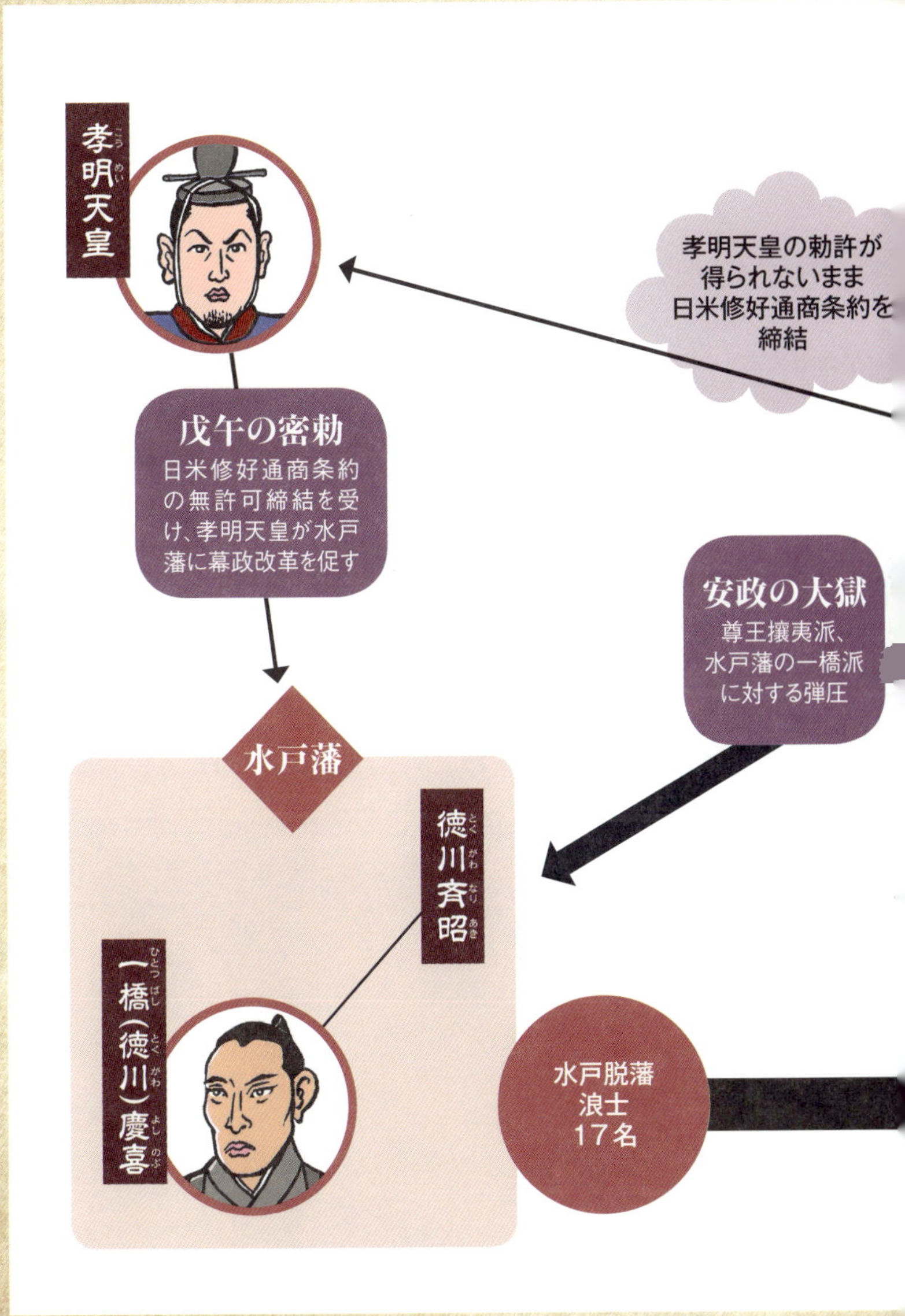

孝明《こうめい》天皇
孝明天皇の勅許が得られないまま日米修好通商条約を締結
戊午の密勅
日米修好通商条約の無許可締結を受け、孝明天皇が水戸藩に幕政改革を促す
安政の大獄
尊王攘夷派、水戸藩の一橋派に対する弾圧
水戸藩
徳川斉昭《とくがわなりあき》
一橋《ひとつばし》(徳川《とくがわ》)慶喜《よしのぶ》
水戸脱藩浪士17名

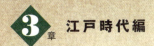

4章

明治維新編

日本史の大転換期に
さまざまな傑物が活躍

一八五八年
日米修好通商条約が締結される。
安政の大獄が始まる

一八五九年
安政の大獄により、
吉田松陰、刑死

一八六〇年
桜田門外の変で
大老・井伊直弼が暗殺される

一八六四年
尊王攘夷派志士を
新撰組が襲撃（池田屋事件）

一八六四年
禁門の変。
第一次長州征伐が始まる

一八六六年
坂本龍馬らの仲介で
薩長連合の密約が成立

一八六七年
大政奉還、
王政復古の大号令

一八六八年
戊辰戦争始まる。
五箇条の御誓文

京から北海道へ
転戦する土方歳三

一八六九年
東京遷都。版籍奉還。
五稜郭の戦い

一八七二年
福沢諭吉の
『学問のすゝめ』初版発行

一八七七年
西南戦争。
西郷隆盛が自刃

吉《よし》田《だ》松《しょう》陰《いん》

後の維新志士たちに強い影響を与える

スタート

文政一三（一八三〇）年
長州藩士・杉百合之助の次男として生まれる

天保五（一八三四）年
山鹿流兵学師範である叔父・吉田大助の養子となる

嘉永七（一八五四）年
ペリーの黒船に乗船して密航を試みるが失敗

吉田松陰データ

●**生没年**
文政13（1830）年
〜安政6（1859）年
●**時代**
江戸時代末期
●**「すごい」功績**
松下村塾から多くの維新志士を輩出

吉《よし》田《だ》松《しょう》陰《いん》は萩藩士の杉家の家に生まれますが、後に山鹿流兵学師範である叔父・吉田大助の養子となり、吉田家を継ぎます。一一歳にして藩主・毛利《もうり》敬親《たかちか》に兵学講義を行うなど、早くからその才能が認められていました。その後、九州や江戸に遊学して見聞・交友を広めますが、嘉永五（一八五二）年、肥後藩の宮部鼎《てい》蔵《ぞう》らと東北へ遊学に向かう際、宮部らとの約束日に遅れてしまうからという理由で、藩からの通行手形の発

すごい！

松下村塾跡（山口県萩市）

安政四（一八五七）年
杉家の敷地に松下村塾を開塾

安政六（一八五九）年
安政の大獄に連座し、江戸の伝馬町牢屋敷に投獄される

安政六（一八五九）年
伝馬町牢屋敷にて刑死

行を待たずに出発。結果、脱藩者となってしまいました。

嘉永七（一八五四）年、ペリーの黒船に乗船して密航を試みますが、ペリー側に渡航を拒否されたため、自首して藩に檻送《かんそう》され、野山獄に幽閉されます。出獄後、松下村塾を開塾。高杉晋作《たかすぎしんさく》、久坂《くさか》玄瑞《げんずい》、伊藤博文《いとうひろぶみ》、山縣有朋《やまがたありとも》といった幕末維新に活躍した志士たちが学び集うようになりました。

松陰は幕府による日米修好通商条約調印を批判し、老中への談判・暗殺などを藩に建策したため、再び投獄されます。さらに安政の大獄で、梅田雲浜《うめだうんぴん》が幕府に捕まると、雲浜との関連を問われ、江戸に檻送されて投獄されます。そこで取り調べを受けますが、松陰は聞かれもしないのに老中暗殺計画を立てていたことを自ら白状してしまいます。その結果、死罪が言い渡され、伝馬町牢屋敷にて刑死することになったのです。

ざんねん！

吉田松陰

死をも恐れず正しいことに猪突猛進する松陰は今の社会ならKYな人

高杉晋作や久坂玄瑞、伊藤博文など、幕末維新で活躍した多くの長州藩士は、吉田松陰の薫陶を受けた人たちです。その意味では、松陰自身は亡くなっても、その志は明治新政府に受け継がれたと言っても過言ではないでしょう。その真っすぐな生き方で、ファンも多い松陰ですので、その残念な面を指摘すると、読者からお叱りを受けるかもしれませんが、本書はそういう本ですので、あえて書かせていただきます。

ひと言でいえば、松陰には「本音と建前」がなかった。よく「本音と建前を使い分けられない人」という言い

方をしますが、松陰の場合は、「本音」しかないのです。

そして、これは松陰が学んだ陽明学の影響もあるかもしれませんが、大義を行うためには、死をもいとわず行動する。その精神を松下村塾の塾生たちにも吹き込みます。これには周りの人たちもドン引きしたのではないでしょうか。学校の先生だったら、生徒に対して、自分たちの命は大切にするよう教えると思います。死んでも大義を成し遂げろというのは、現代の社会に置き換えればテロリストです。命を惜しまないのが武士道でも、本心では死にたくないという武士もいたでしょう。

安政の大獄でも、幕府側は松陰を死刑にするつもりはなく、軽い尋問の後に釈放する予定だったと言われています。ところが松陰は、自分の意思を幕府に伝えるチャンスは今しかないと考え、老中が自分の意見を聞き入れなければ暗殺するつもりだったと自白してしまいます。生きるチャンスがあったことを考えると、なんとも残念な行動ですが、それがまた多くの人の心を惹きつけるのかもしれません。

坂《さか》本《もと》龍《りょう》馬《ま》

動乱の幕末期に経済感覚を持って行動した

スタート

天保六（一八三六）年
土佐の豪商〝才谷屋〟の分家、土佐藩郷士の坂本家に生まれる

嘉永六（一八五三）年
江戸で北辰一刀流の千葉道場に剣を学び、後に免許皆伝

文久二（一八六二）年
幕臣の勝海舟の下で航海術を学び海軍操練所設立をめざす

坂本龍馬《さかもとりょうま》は、尊王攘夷《そんのうじょうい》や倒幕といった政治イデオロギーの対立が顕著だった時代にあって、珍しく経済ということがわかる人物でした。もし明治時代まで生きていれば、同じく土佐出身の岩崎弥太郎《いわさきやたろう》のように、経済界で活躍したことでしょう。

彼は出自も他の志士たちとは違い、才谷屋《さいたにや》という豪商の出身でした。龍馬の家はさらに分家して郷士《ごうし》の株を取得し、御用人となっています。同じく土佐出身の

坂本龍馬データ

●**生没年**
天保6（1836）年
〜慶応3（1867）年

●**時代**
江戸時代末期

●**「すごい」功績**
日本初の商社"亀山社中"を設立、外国相手に商売をする

すごい!!

坂本龍馬像（長崎市）

慶応元（一八六五）年
長崎に貿易商社亀山社中（のちの海援隊）を立ち上げ倒幕運動に奔走

慶応二（一八六六）年
中岡慎太郎と協力して薩長同盟成立。寺田屋で襲撃を受ける

慶応三（一八六七）年
京都近江屋で中岡慎太郎とともに幕府見廻組に暗殺される

小説家・山本一力《いちりき》先生に聞いた話では、才谷屋は土佐の家老が挨拶に来るくらいの大金持ちだったそうです。坂本龍馬のおおらかで自由な性格は、こうした出自が関係していたのかもしれません。

実際に、勝海舟《かつかいしゅう》の弟子として勝塾や海軍操練所で活動し、元治元（一八六四）年七月の禁門の変によって同操練所などが閉鎖された後は、薩摩藩の庇護のもと、日本初の商社とも言われる亀山社中《かめやましゃちゅう》を立ち上げました。その後は、薩長同盟の際に、薩摩と長州を結びつけた仲介人として活躍したとされます。

しかし、幕末は、血気盛んな一〇～二〇代の志士たちがたくさんいて、気に入らない人間は問答無用に切り捨てるのが、半ば当たり前になっていた時代です。そんなギスギスしたところが全くなかった龍馬は、慶応三（一八六七）年、京都の近江屋で暗殺されてしまいました。

ざんねん！

坂本龍馬

歴史小説のヒーローは史実の上では大した役割を果たしていなかった？

坂本龍馬を一躍ヒーローにしたのは、歴史研究というよりは、司馬《しば》遼《りょう》太《た》郎《ろう》先生をはじめとする時代小説家の力が大きいと思います。

龍馬が薩長同盟締結に尽力したと言われますが、そもそもこの同盟の主役は名前からもわかる通り、薩摩と長州です。その仲立ちをしたのが坂本龍馬と土佐だったというだけで、歴史的な出来事の中で決定的な役割を果たしたのは、やはり薩摩・長州という二大雄藩なのです。

ある研究者は「坂本龍馬は西郷隆盛のパシリだ」なんていう言い方をしています。そう考えると、龍馬の歴史的な役割は、歴史研究や歴史教科書的にいえば実はたいしたものではなく、「残念！」と言わざるを得ません。

また、大変おおらかな人柄だったという龍馬の、おおらかすぎるエピソードとし

て次のような話があります。龍馬は、藩から剣術修行の許可を得て土佐を出、江戸の三大道場の一つである北辰一刀流の千葉定吉《さだきち》（千葉周作《しゅうさく》の弟）の道場へ入門しました。その際、定吉の娘・さなと結婚の約束をするのですが、結局すっぽかしてしまった。その後、龍馬は伏見の寺田屋に勤めていたおりょうと恋仲となり、日本で最初の新婚旅行を行ったとも言われています。さなは生涯、自分は龍馬の妻であると思い込んでいたらしく、墓石には坂本龍馬の妻と刻んであります。

坂本龍馬は梅毒だったという説もあり、女性関係についてもおおらかだったのだろうと推測されます。これも歴史上のヒーローの残念な一面と言えるかもしれません。

土方歳三《ひじかたぞう》

本当の武士よりも武士らしく散った生涯

土方歳三データ

●生没年
天保6（1835）年〜明治2（1869）年

●時代
江戸時代末期〜明治時代初期

●「すごい」功績
武士の美学を追求し、北の大地に散った男の生涯

スタート

天保六（一八三五）年
武蔵国多摩郡の農家に生まれ父母の死後、兄夫婦に育てられる

安政六（一八五九）年
道場の指導に来ていた近藤勇と出会い、天然理心流に正式入門する

文久三（一八六三）年
近藤とともに浪士組に応募し京で新撰組を組織。副長となる

多摩の豪農の末子として生まれた土方歳三《ひじかたとしぞう》は、武士階級の出身ではなかったことから、逆に人一倍武士への憧れを強く持ち、「武士らしく」あるように厳しい法度《はっと》で鉄の結束を作り出した新撰組を組織しました。

のちに新撰組局長となる近藤勇《こんどういさみ》の養父・近藤周助《しゅうすけ》の天然理心流《てんねんりしんりゅう》の門弟となり、文久三（一八六三）年、一四代将軍・徳川家茂《いえもち》の上洛に際して、警備のために組織された浪士組に近藤らと共に参加。そのまま京都

すごい!!

元治元（一八六四）年
池田屋事件により
天下に新撰組の名が轟き、
破格な恩賞を得る

慶応四（一八六八）年
鳥羽・伏見の戦で
新撰組を率いて戦うが敗退

明治二（一八六九）年
新政府軍の総攻撃を受け、函館・
五稜郭の戦いで戦死。享年三五

土方歳三像
（東京都日野市）

に残って、京都守護職・松平容保《まつだいらかたもり》の庇護の下、新撰組と名乗ります。新撰組は京都の治安維持の名目で、倒幕派浪士らを次々と取り締まりました。中でも長州や土佐の尊王攘夷派の志士たちを襲撃、取り締まった池田屋事件は有名です。

しかし、慶応四（一八六八）年、新撰組も参戦した鳥羽・伏見の戦で、薩長を主力とする官軍に敗戦。その後、北上する官軍に幕府側勢力が次々と敗れる中で、局長の近藤は捕縛され、処刑されてしまいます。土方はその後も近藤の遺志を継ぎ、残った新撰組を指揮して、宇都宮、会津などを転戦。さらに北海道の五稜郭にまで北上し、箱館戦争の最中で、銃弾に倒れて戦死したと伝わります。

「武士らしく」あることを貫いた土方歳三は、本当に武士らしい生涯を全うしたと言えるでしょう。

ざんねん！

土方歳三

イケメンの歴史的スターが残した残念な俳句

新撰組、そして土方歳三も、坂本龍馬同様、やはり時代小説によるイメージが非常に強い人物と言えます。たしかに司馬遼太郎先生が描いた土方歳三はかっこ良くて、私も大好きなキャラクターです。

彼の場合、写真も残っており、非常にイケメンです。モテるというのも良くわかります。北海道まで転戦を繰り返して戦死したその生涯も、かっこいい。

ただ、残念な点もたくさんあります。一つ例を挙げると、彼は俳句をたしなんでいましたが、その出来栄えが非常に「残念」なものでした。例えば……。

「知れば迷い 知らねば迷わぬ 恋のみち※」

「梅の花 一輪咲いても 梅は梅」

「報国の 心を忘るる 婦人かな」

※「知らねば」を「しなければ」と詠んだという説もある

これらの句は正直なところ、小学生でも詠めそうなポンコツぶりです。私も俳句は好きですが、全くと言っていいほど俳句ごころのない人間ですので、土方歳三のポンコツぶりがよくわかります。

とはいえ、私自身は自分の作品を世に残したいとは夢にも思いません。ところが、土方歳三のさらに残念なところは、そんなポンコツな俳句を、『豊《ほう》玉《ぎょく》発《ほっ》句《く》集《しゅう》』という句集にまとめて残してしまったことです。

彼は俳人・詩人ではありましたが、やはり剣で語る詩人だったというところでしょうか。

西《さい》郷《ごう》隆《たか》盛《もり》

西南戦争で散った明治維新の立役者

スタート

文政一〇(一八二七)年
薩摩藩の下級武士の家に生まれる。幼名は吉之助

文久二(一八六二)年
公武周旋をめざす島津久光と意見衝突し、沖永良部島に流される

元治元(一八六四)年
第一次長州征伐では征長軍参謀として長州藩への対応に当たる

西郷隆盛データ

●**生没年**
文政10(1827)年
～明治10(1877)年

●**時代**
江戸時代末期
～明治時代初期

●**「すごい」功績**
歴史を動かし、日本を分裂から救った"西郷どん"

西郷隆盛《さいごうたかもり》は、薩摩藩の御勘定方小頭の西郷九郎隆盛の第一子として生を受けました。武士階級の中でも非常に身分の低く貧しい武士の家に生まれながら、仲間を思う優しい心と、学知に長《た》け、その才覚からメキメキと藩内で頭角を現していきます。そして公武合体を目指す薩摩藩主・島津久光《しまづひさみつ》のもとで活躍しますが、藩主に対しても物怖じせずに意見をぶつけていたため、久光と衝突し、島流しとなりました。流刑が解かれた

すごい！

慶応二（一八六六）年
坂本龍馬の仲介で長州・桂小五郎と提携の密約をする（薩長同盟）

西郷隆盛像（東京都台東区）

明治六（一八七三）年
征韓論をめぐる対立により西郷の特使派遣は中止となり、下野する

明治一〇（一八七七）年
西郷のもと、鹿児島の不平士族が蜂起（西南戦争）、敗れて自刃する

後は、第一次長州征伐で幕府側の参謀として活躍します。その後、倒幕へと方向転換した西郷は、長州藩の桂小五郎（木戸孝允《たかよし》）と薩長同盟の盟約を結びました。鳥羽・伏見の戦を経て、江戸へと進軍を続ける最中、幕府側の勝海舟と会談。江戸城無血開城に導いた立役者としても知られています。

西郷は明治新政府内でも参議として改革に従事しましたが、征韓論《せいかんろん》の論争で大久保利通《としみち》らと決裂すると、薩摩へと帰郷しました。その後、新政府軍に不満を持つ若者たちに促されて挙兵し、西南戦争を起こしますが、敗北。城山の戦いの最中に自害したと伝わります。新政府に対する士族や若者、民衆たちの不満を一身に引き受けて、勝ち目のない戦に臨んだ西郷は、自ら敗戦することで、日本国内の分裂に終止符を打ったとも言えるでしょう。

ざんねん!

西郷隆盛

「西郷どん」の裏の顔は戦を起こすために手段を選ばぬ策略家だった?

西郷隆盛というと、誰からも慕われるような徳の高い人物という印象があります。しかし、幕末・明治を通じて彼が政治上でふるった采配の中には、かなりえげつないことが多かったのも事実です。

幕府を倒す際も、最後まで武力討伐にこだわっていたのが西郷でした。交渉ではなく、とにかく戦争をして徹底的に相手を打ち破り、政権を勝ち取ることこそ重要だと考えていたのです。

ところが一五代将軍・徳川慶喜《よしのぶ》は、戦もしないまま大政奉還を行い、あっさり政権を天皇に返上してしま

います。あてが外れた西郷隆盛は、どうしても戦を起こすために、さまざまな策を弄しています。

例えば、江戸の薩摩藩邸に、本国でもチンピラ扱いされていたような血気盛んな連中を送り込みます。のちに赤報隊《せきほうたい》を組織する相楽総三《さがらそうぞう》、アメリカ総領事館の通訳だったヘンリー・ヒュースケンを暗殺した伊牟田《いむた》尚平《しょうへい》、あるいは益満休之助《ますみつきゅうのすけ》らで、彼らが江戸で放火や暴行などを繰り返し、幕府側を挑発したのです。

その結果、庄内藩士らが薩摩藩許すまじと、江戸の薩摩藩邸を焼き討ちします。これが発端となって鳥羽・伏見の戦へと発展。西郷の思惑通り、武力で倒幕をする大義名分を得たのです。

そんなチンピラたちも、その後はまるで口封じのように捕らえられ、死罪にされたり、戦の中で殺されたりしています。

誰に対しても親しみやすい「西郷どん」はあくまで表の顔。本当は、目的実現のためには手段を選ばないような、裏の一面も持っていた人だったのかもしれません。

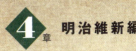

福《ふく》沢《ざわ》諭《ゆ》吉《きち》

四民平等を説いた 慶應義塾の祖

スタート

天保五（一八三五）年
中津藩（大分県）藩士・福沢百助の次男として大坂蔵屋敷で生まれる

安政七（一八六〇）年
咸臨丸で渡米、翌年遣欧使節に随行、各国の事情を学ぶ

慶応二（一八六六）年
洋行経験をもとに見聞録『西洋事情・初編』三冊を刊行

福沢諭吉データ

●**生没年**
天保5（1835）年
～明治34（1901）年

●**時代**
江戸時代末期
～明治時代初期

●**「すごい」功績**
平等な社会を理想として、国民の啓蒙に生涯を捧げた

福沢《ふくざわ》諭吉《ゆきち》は、中津藩（大分県中津市）の下級武士の子として生まれました。幼くして父を亡くし、貧しい生活を余儀なくされますが、学問の才に恵まれ、一九歳で長崎に出て、蘭学や砲術を学び、その後、大阪の蘭学者・医師の緒方《おがた》洪庵《こうあん》の適塾《てきじゅく》で学びました。

二五歳のときには幕府の遣米使節に志願し、咸臨丸《かんりんまる》に乗ってアメリカに渡りました。そこで能力さえあれば、身分に関係なく活躍できるアメリカ社会に非常に

すごい!

慶応四（一八六八）年
蘭学塾を慶應義塾と名付け、人材育成を目標に教育活動を行う

明治五（一八七二）年
国民を啓蒙するために『学問のすゝめ』全一七編の刊行が始まる

明治三四（一九〇一）年
脳溢血のため東京で死去。一万五〇〇〇人が葬列に加わった

感銘を受けたようで、諭吉は「門閥制度は親の敵でござる」という有名な言葉も残しています。また、こうした欧米視察体験をもとに、『西洋事情』を刊行、同書は約一五万部も売れたといわれます。

藩命によって江戸築地鉄砲洲の中津藩中屋敷内に開いていた蘭学塾（のちに英学塾）を芝新銭座に移し、「慶應義塾」と名付けました。これが今日まで続く慶應義塾大学の前身となります。

そして、なんと言っても有名なのは、「天は人の上に人をつくらず、人の下に人をつくらず」の一節で有名な『学問のすゝめ』でしょう。明治五（一八七二）年から刊行が始まった同書は、庶民でも買いやすいように、一七分冊とし、漢字には読み仮名を振るなど、啓蒙のためのさまざまな工夫が施されていました。結果、同書は三〇〇万部のベストセラーとなったそうです。

ざんねん！

福沢諭吉

読者を「猿」扱い 身分にもけっこうこだわった ラストサムライの残念な現実

福沢諭吉は、まさに「ラストサムライ」というのは彼のことを言うのではないか、というくらい、武士らしい武士、節義を決して曲げない人物として知られています。

彼が勝海舟や榎本武揚《えのもとたけあき》を嫌っていたというのは、有名な話です。幕府に仕えていた幕臣だったにもかかわらず、明治政府にも仕えて高官になっている。あいつらは武士じゃない、というわけです。しかし、身分制度（門閥制度）を親の仇とまで言っている諭吉は、後に議会政治の父とも呼ばれる尾崎行雄《おざきゆきお》が、著述業一本で食っていこうと相談しにきたとき、次のように語ったと言われています。

「猿に見せるつもりで書け！　俺などは、いつも猿に見せるつもりで書いているが、世の中はそれでちょうどいいのだ！」

またこんなエピソードも残っています。明治の文豪たちが愛用した『言海』とい

う辞書があります。編纂したのは大槻文彦《おおつきふみひこ》という国学者でしたが、福沢諭吉はこの大槻家と家族ぐるみの付き合いがありました。『言海』の完成パーティーの際には、明治政府のお偉方も多数招かれて、盛大な催しとなったそうです。しかし福沢は、このパーティーに出席しませんでした。後日、福沢は大槻家に一人お祝いにやってきます。なぜ出席しなかったか、福沢が言うには、「ああいうところに出たら、伊藤（博文《ひろぶみ》）なんぞの下座に座らなければいけないだろう」とのことです。
「天は人の上に人をつくらず、人の下に人をつくらず」とはおよそかけ離れた諭吉の言葉は、『学問のすゝめ』の著者としては、ちょっと残念でした。

参考文献

『戦国武将の明暗』（本郷和人著、新潮新書）
『日本史ひと模様』（本郷和人著、日経BP 日本経済新聞出版本部）
『戦国武将の解剖図鑑』（本郷和人監修、エクスナレッジ）
『真説・戦国武将の素顔』（本郷和人著、宝島社）
『東大教授がおしえる やばい日本史』（本郷和人監修、ダイヤモンド社）
『明智光秀10の謎』（本郷和人・細川珠生著、宝島社新書）
『新・中世王権論』（本郷和人著、文春学藝ライブラリー）
『武士とはなにか 中世の王権を読み解く』（本郷和人著、角川ソフィア文庫）
『上皇の日本史』（本郷和人著、中公新書ラクレ）
『怪しい戦国史』（本郷和人著、産経セレクト）
『天皇はなぜ生き残ったか』（本郷和人著、新潮新書）
『日本史でたどるニッポン』（本郷和人著、ちくまプリマー新書）
『軍事の日本史 鎌倉・南北朝・室町・戦国時代のリアル』（本郷和人著、朝日新書）
『権力の日本史』（本郷和人著、文春新書）
『世襲の日本史 「階級社会」はいかに生まれたか』（本郷和人著、NHK出版新書）
『空白の日本史』（本郷和人著、扶桑社新書）

『考える日本史』（本郷和人著、河出新書）
『日本史　自由自在』（本郷和人著、河出新書）
『危ない日本史』（本郷和人・NHK「偉人たちの健康診断」取材班著、講談社＋α新書）
『乱と変の日本史』（本郷和人著、祥伝社新書）
『信長「歴史的人間」とは何か』（本郷和人著、トランスビュー）
『東大教授も惚れる！　日本史アッパレな女たち』（本郷和人監修、集英社）
『日本史広辞典』（山川出版社）
『日本史小辞典』（山川出版社）
『残念な死に方事典』（小和田哲男著、ワニブックス）
『酒が語る日本史』（和歌森太郎著、河出書房新社）
『国史大辞典』（吉川弘文館）
『新編日本武将列伝６』（桑田忠親著、秋田書店）

※本書で紹介している旧国名のあとに、現在該当する都道府県名（もしくは市区町村名）を大まかに入れています。例えば相模国は神奈川県の一部ですが、本書では「相模国（神奈川県）」と表記しており、必ずしもその都道府県すべてを指すわけではない場合もありますので、ご了承ください。

本郷和人（ほんごう かずと）
1960年、東京都生まれ。東京大学史料編纂所教授。東京大学・同大学院で石井進氏、五味文彦氏に師事し日本中世史を学ぶ。史料編纂所で『大日本史料』第五編の編纂を担当。著書に『新・中世王権論』（文春学藝ライブラリー）、『権力の日本史』『日本史のツボ』（いずれも文春新書）、『乱と変の日本史』（祥伝社新書）、『信長「歴史的人間」とは何か』（トランスビュー）ほか多数。

ざんねんな日本史

2021年1月29日　第1刷発行

著　者　本郷和人
発行人　蓮見清一
発行所　株式会社 宝島社

〒102-8388 東京都千代田区一番町25番地
電話：03-3234-4621（営業）／03-3239-0646（編集）
https://tkj.jp

印刷・製本　サンケイ総合印刷株式会社

ISBN 978-4-299-01242-5